100 RECETTES DE
mug cakes, cupcakes et muffins

hachette
CUISINE

Ce livre, c'est 100 recettes goûtées et approuvées, variées et simples à préparer avec des ingrédients faciles à trouver… la base du bon livre de cuisine ! Mais nous avons voulu vous apporter plus encore avec des astuces et des idées qui font débuter le plaisir de cuisiner dès l'ouverture du livre.

1. Fini les listes de courses griffonnées sur de petits papiers que l'on ne retrouve jamais ou qui traînent au fond du cabas. **Choisissez les recettes qui vous font envie, sortez votre smartphone et tagguez le QR code qui figure en bas de la liste des ingrédients.**
Vous y aurez accès quand bon vous semblera ! *(Nous vous conseillons d'utiliser les applications i-nigma, Qrafter ou qr scanner disponibles gratuitement sur iPhone et Androïd).*

2. Fini le manque d'inspiration au moment du choix de vos petits gâteaux. **Les chapitres du livre ont été pensés par types de gâteaux.** Petits et grands gâteaux sont rassemblés dans des chapitres pensés autour de thématiques emblématiques. Faites ainsi votre choix en un clin d'œil.

- Pour des recettes de **mug cakes** à faire en 5 min
  > *Rendez-vous page 12*
- Pour des **cupcakes** pour tous les goûts
  > *Rendez-vous page 54*
- Pour des **muffins** pour le goûter
  > *Rendez-vous page 144*
- Pour une petite **envie salée**
  > *Rendez-vous page 196*

3. Et parce qu'on n'a jamais trop d'idées, vous trouverez au début de ce livre des sommaires illustrés établis en fonction de l'ingrédient dominant de la recette pour chercher le gâteau qui correspond à votre envie du moment.

- Envie de chocolat ? Mug cake au chocolat coulant, Mug cookie, Cupcakes banane-Nutella®, Muffins aux pépites de chocolat... retrouvez le chocolat sous toutes ses formes
  > *Rendez-vous page 6*
- Mug cake aux framboises et chocolat blanc, Cupcakes cerises-menthe, Muffins aux figues, miel et vanille... des gâteaux aux fruits pour tous les goûts
  > *Rendez-vous page 8*
- Banana bread au mug, Cupcakes à l'ananas, Cupcakes tropicaux à la mangue... si vous préférez les saveurs exotiques
  > *Rendez-vous page 10*

SOMMAIRE

1. MUG CAKES

Mug cake au chocolat coulant	14
Mug cake au chocolat et crème de marrons	16
Mug cake au Nutella®	18
Mug cake praliné	20
Mug cake et son cœur au spéculoos	22
Mug cake au caramel au beurre salé et pépites de chocolat	24
Mug cake coco et sa sauce au chocolat	26
Mug cake aux framboises et chocolat blanc	28
Mug cake au fromage blanc, vanille et son coulis de fraises	30
Mug cake comme un muffin aux myrtilles	32
Mug cake poire et Carambar®	34
Mug cheesecake à la confiture	36
Mug cookie	38
Mug cookie à l'amande sans beurre	40
Mug cookie au beurre de cacahuètes et M&Ms®	42
Mug cookie au chocolat blanc et cranberries	44
Mug brownie aux noix de pécan	46
Pain perdu au mug	48
Banana bread au mug	50
Petit sablé marbré au mug	52

2. CUPCAKES

Cupcakes au chocolat	56
Cupcakes au cacao	58
Cupcakes façon chocolat liégeois	60
Cakes mousseux au chocolat	62
Cupcakes aux pépites de chocolat	64
Cupcakes aux Oreo®	66
Cupcakes gourmands au Bounty®	68
Cupcakes chocolat-menthe	70
Cupcakes au chocolat et à la violette	72
Cupcakes noix de coco et chocolat	74
Cupcakes au chocolat et aux framboises	76
Cupcakes banane-Nutella®	78
Cupcakes marbrés au chocolat et à l'abricot	80
Cupcakes au chocolat blanc	82
Cupcakes au chocolat blanc et coquelicot	84
Cupcakes façon mini pièce montée	86
Cupcakes marbrés vanille-caramel beurre salé	88
Cupcakes koalas	90
Cupcakes garnis de crème au beurre à la meringue italienne	92
Cupcakes cannelle et éclats de chocolat noir	94
Cupcakes marrons glacés, poire et cognac	96
Cupcakes rainbow à la guimauve	98
Cupcakes café et chantilly	100
Cupcakes amande-pistache	102
Cupcakes aux fruits	104
Cupcakes aux agrumes confits	106
Cupcakes à l'orange	108
Cupcakes au citron vert	110
Cupcakes aux fruits rouges	112
Cupcakes à la framboise et à la verveine	114
Cupcakes framboises et barbe à papa	116
Cupcakes aux framboises, glaçage spéculoos	118

Cupcakes pistache et framboise	120
Cupcakes cerises et menthe	122
Cupcakes aux myrtilles	124
Cupcakes moelleux aux fraises	126
Cupcakes aux Tagada®	128
Cupcakes à la rose et à la noix de coco	130
Cupcakes au coco	132
Cupcakes tropicaux à la mangue	134
Cupcakes banane et beurre demi-sel	136
Cupcakes aux figues et aux graines de pavot	138
Cupcakes à l'ananas	140
Cupcakes sésame et safran	142

3. MUFFINS

Muffins nature	146
Muffins à la vanille	148
Muffins au café	150
Muffins pralinés	152
Muffins au chocolat	154
Muffins au chocolat et cœur de spéculoos	156
Muffins au chocolat noir et cœur de chocolat blanc	158
Muffins au pépites de chocolat	160
Muffins au lait de coco	162
Muffins aux cacahuètes	164
Muffins aux M&M's® Crispy®	166
Muffins aux myrtilles	168
Muffins marbrés framboises et pommes	170
Muffins aux poires caramélisées	172
Muffins fourrés aux abricots et aux graines de pavot	174
Muffins au pamplemousse, sésame noir et gingembre	176
Muffins myrtilles-pamplemousse	178
Muffins aux figues, miel et vanille	180
Muffins 'British'	182
Cakes au rhum et aux raisins	184
Cakes à la banane et aux cacahuètes	186
Cakes au miel et aux amandes	188
Petits cœurs moelleux aux pralines roses et aux framboises	190
Cœurs aux cerises en coque de chocolat blanc	192
Muffins carottes-gingembre	194

4. QUELQUES RECETTES SALÉES

Mug cake au jambon, olives et comté	198
Pizza mug cake	200
Mug cake aux champignons, bacon et persil	202
Mug cake à la courgette, curry et chèvre	204
Mug cake au poivron, pignons de pin et feta	206
Mug cake au saumon fumé et fromage ail et fines herbes	208
Cupcake au saumon fumé	210
Cupcakes à la carotte et au fromage	212
Cupcakes crumble betterave-fromage	214
Muffins basilic et parmesan	216
Muffins tomates cerise et noisettes	218
Muffins au roquefort	220

Quelques suggestions de recettes
AU CHOCOLAT

- **1** • Mug cake au chocolat coulant p. 14
- **2** • Mug cake au Nutella® p. 18
- **3** • Mug cookie p. 38
- **4** • Cupcakes au chocolat p. 56
- **5** • Cupcakes au cacao p. 58
- **6** • Cupcakes façon chocolat liégeois p. 60
- **7** • Cupcakes aux pépites de chocolat p. 64
- **8** • Cupcakes chocolat-menthe p. 70
- **9** • Cupcakes au chocolat et aux framboises p. 76
- **10** • Cupcakes banane-Nutella® p. 78
- **11** • Cupcakes marbrés au chocolat et à l'abricot p. 80
- **12** • Muffins au chocolat p. 154
- **13** • Muffins au chocolat et cœur de spéculoos p. 156
- **14** • Muffins au chocolat noir et cœur de chocolat blanc p. 158
- **15** • Muffins aux pépites de chocolat p. 160

Et aussi …

Mug cake au chocolat et crème de marrons p. 16, Mug cake au caramel au beurre salé et pépites de chocolat p. 24, Mug cookie au chocolat blanc et cranberries p. 44, Cupcakes gourmands au Bounty® p. 68, Cupcakes au chocolat et à la violette p. 72, Cupcakes noix de coco et chocolat p. 74

Quelques suggestions de recettes
AUX FRUITS

1 • Mug cake aux framboises et chocolat blanc p. 28
2 • Mug cake comme un muffin aux myrtilles p. 32
3 • Mug cheesecake à la confiture p. 36
4 • Cupcakes aux fruits p. 104
5 • Cupcakes aux agrumes confits p. 106
6 • Cupcakes à l'orange p. 108
7 • Cupcakes aux fruits rouges p. 112
8 • Cupcakes cerises et menthe p. 122
9 • Cupcakes banane et beurre demi-sel p. 136
10 • Muffins aux myrtilles p. 168
11 • Muffins aux poires caramélisées p. 172
12 • Muffins fourrés aux abricots et aux graines de pavot p. 174
13 • Muffins aux figues, miel et vanille p. 180
14 • Petits cœurs moelleux aux pralines roses et aux framboises p. 190
15 • Cœurs aux cerises en coque de chocolat blanc p. 192

Et aussi …

Mug cake poire et Carambar® p. 34, Cupcakes au citron vert p. 110, Cupcakes pistache et framboise p. 120, Cupcakes aux myrtilles p. 124, Cupcakes moelleux aux fraises p. 126, Cupcakes à la rose et à la noix de coco p. 130

Quelques suggestions de recettes
AUX SAVEURS EXOTIQUES

1 • Banana bread au mug p. 50
2 • Cupcakes au coco p. 132
3 • Cupcakes tropicaux
 à la mangue p. 134
4 • Cupcakes à l'ananas p. 140
5 • Muffins au lait de coco p. 162
6 • Muffins au pamplemousse,
 sésame noir et gingembre p. 176
7 • Cakes à la banane
 et aux cacahuètes p. 186

1 MUG CAKES

MUG CAKES

MUG CAKE AU CHOCOLAT COULANT

Pour 1 mug / 5 min de préparation / 2 min de cuisson / 2 min de repos

Ingrédients
40 g de chocolat noir
40 g de beurre demi-sel
(2½ cuil. à soupe)
1 cuil. à soupe de sucre
2 cuil. à soupe de farine
1 pincée de levure chimique
1 œuf

1. Dans un mug, cassez le chocolat en petits morceaux. Ajoutez le beurre et faites fondre le tout pendant 1 min au micro-ondes (750 W). Mélangez à l'aide d'une fourchette pour faire fondre les éventuels morceaux de chocolat restants.

2. Ajoutez le sucre puis la farine et la levure. Mélangez avec la fourchette entre chaque ajout.

3. Cassez l'œuf dans le mug et battez vigoureusement avec la fourchette jusqu'à ce que la pâte soit bien lisse.

4. Faites cuire 1 min au micro-ondes (750 W). Vérifiez la cuisson. Servez si vous voulez un mug cake coulant ; si vous préférez un mug cake fondant, faites cuire 30 s supplémentaires. Laissez reposer pendant 2 min avant de déguster.

VARIANTES
Vous pouvez ajouter des éclats de noisettes, des noix de pécan ou encore des pistaches.

MUG CAKES

MUG CAKE AU CHOCOLAT ET CRÈME DE MARRONS

Pour 1 mug / 5 min de préparation / 3 min de cuisson / 5 min de repos

Ingrédients
*30 g de beurre
(2 cuil. à soupe)
3 cuil. à soupe de sucre
1 œuf
2 cuil. à soupe de lait
3 cuil. à soupe de farine
1 pincée de levure chimique
3 cuil. à soupe de crème de marrons
1 cuil. à soupe de pépites de chocolat*

1. Dans un grand mug ou dans un bol, faites fondre le beurre pendant 1 min au micro-ondes (750 W). Ajoutez le sucre et mélangez. Cassez l'œuf dans le mug puis versez le lait. Mélangez vigoureusement.

2. Ajoutez la farine et la levure chimique. Mélangez de nouveau jusqu'à obtenir une pâte bien lisse. Incorporez la crème de marrons puis les pépites de chocolat.

3. Faites cuire 2 min au micro-ondes (750 W). Vérifiez la cuisson en glissant un couteau le long de la paroi du mug. Remettez à cuire 30 s si la pâte est encore liquide dans le fond. Laissez reposer 5 min avant de déguster.

MUG CAKES

MUG CAKE AU NUTELLA®

Pour 1 mug / 5 min de préparation / 1 min 30 de cuisson / 5 min de repos

Ingrédients
2 cuil. à soupe d'huile de tournesol
3 cuil. à soupe de sucre
1 œuf
2 cuil. à soupe de lait
3 cuil. à soupe de farine
1 pincée de levure chimique
3 cuil. à soupe de Nutella®

1. Dans un grand mug ou dans un bol, mélangez l'huile avec le sucre. Cassez l'œuf dans le mug puis versez le lait. Mélangez vigoureusement.

2. Ajoutez la farine et la levure chimique. Mélangez de nouveau jusqu'à obtenir une pâte bien lisse. Incorporez le Nutella®.

3. Faites cuire 1 min 30 au micro-ondes (750 W). Vérifiez la cuisson en glissant un couteau le long de la paroi du mug. Remettez à cuire 30 s si la pâte est encore liquide dans le fond. Laissez reposer 5 min avant de déguster.

ASTUCE
Pour une version encore plus gourmande, vous pouvez ajouter 1 cuil. à café de Nutella® sur le dessus du mug cake, juste avant de servir.

MUG CAKES

MUG CAKE PRALINÉ

Pour 1 mug / 5 min de préparation / 2 min 30 de cuisson / 2 min de repos

Ingrédients
40 g de pralinoise
30 g de beurre (20 g)
1 cuil. à soupe de sucre
1 œuf
2 cuil. à soupe de lait
3 cuil. à soupe de farine
1 pincée de levure chimique
1 cuil. à soupe de pralin

1. Dans un mug, cassez la pralinoise en petits morceaux. Ajoutez le beurre et faites fondre le tout pendant 1 min au micro-ondes (750 W). Mélangez à l'aide d'une fourchette pour faire fondre les éventuels morceaux de pralinoise. Ajoutez le sucre et mélangez.

2. Cassez l'œuf dans le mug puis versez le lait. Mélangez vigoureusement. Ajoutez la farine et la levure chimique, mélangez de nouveau jusqu'à obtenir une pâte bien lisse. Incorporez le pralin.

3. Faites cuire 1 min 30 au micro-ondes (750 W). Laissez reposer pendant 2 min avant de déguster.

MUG CAKES

MUG CAKE ET SON CŒUR AU SPÉCULOOS

Pour 1 mug / 5 min de préparation / 1 min 30 de cuisson / 5 min de repos

Ingrédients
2 cuil. à soupe d'huile de tournesol
3 cuil. à soupe de sucre
1 œuf
2 cuil. à soupe de lait
4 cuil. à soupe de farine
1 pincée de levure chimique
1 cuil. à soupe de pâte de spéculoos

1. Dans un mug, mélangez l'huile avec le sucre à l'aide d'une fourchette. Ajoutez l'œuf, le lait et mélangez de nouveau.

2. Ajoutez la farine et la levure. Mélangez jusqu'à obtenir une pâte bien lisse. Déposez la pâte de spéculoos au milieu du mug.

3. Faites cuire pendant 1 min 30 au micro-ondes (750 W). Vérifiez la cuisson en glissant un couteau le long de la paroi du mug. Remettez à cuire 30 s si la pâte est encore liquide dans le fond. Laissez reposer 5 min avant de déguster.

VARIANTES

Vous pouvez remplacer la pâte de spéculoos par du Nutella®, du lemon curd ou du caramel au beurre salé.

MUG CAKES

MUG CAKE AU CARAMEL AU BEURRE SALÉ ET PÉPITES DE CHOCOLAT

Pour 1 mug / 5 min de préparation / 2 min 30 de cuisson / 5 min de repos

Ingrédients
30 g de beurre
2 cuil. à soupe de sucre
1 œuf
2 cuil. à soupe de lait
3 cuil. à soupe de farine
1 pincée de levure chimique
2 cuil. à soupe de caramel au beurre salé
+ 1 cuil. à café
1 cuil. à soupe de pépites de chocolat

1. Dans un grand mug ou dans un bol, faites fondre le beurre pendant 1 min au micro-ondes (750 W). Ajoutez le sucre et mélangez. Cassez l'œuf dans le mug puis versez le lait. Mélangez vigoureusement.

2. Ajoutez la farine et la levure chimique. Mélangez de nouveau jusqu'à obtenir une pâte bien lisse. Incorporez 2 cuil. à soupe de caramel au beurre salé puis les pépites de chocolat.

3. Faites cuire 1 min 30 au micro-ondes (750 W). Vérifiez la cuisson en glissant un couteau le long de la paroi du mug. Remettez à cuire 30 s si la pâte est encore liquide dans le fond. À la sortie du micro-ondes, déposez 1 cuil. à café de caramel au beurre salé sur le dessus du mug cake. Laissez reposer 5 min avant de déguster.

MUG CAKES

MUG CAKE COCO ET SA SAUCE AU CHOCOLAT

Pour 1 mug / 8 min de préparation / 2 min 30 de cuisson

Ingrédients
30 g de beurre
1 blanc d'œuf
20 g de chocolat noir
3 cuil. à soupe de sucre
1 cuil. à soupe de crème liquide
2 cuil. à soupe de farine
1 pincée de levure chimique
1 sachet de sucre vanillé
3 cuil. à soupe de noix de coco en poudre

1. Dans un mug, faites fondre le beurre pendant 1 min au micro-ondes (750 W). Ajoutez la noix de coco, la farine, la levure, le sucre et le sucre vanillé. Mélangez à l'aide d'une fourchette. Ajoutez le blanc d'œuf et mélangez à nouveau.

2. Faites cuire 1 min au micro-ondes (750 W). Vérifiez la cuisson en glissant un couteau le long de la paroi du mug. Remettez à cuire 20 s s'il reste du liquide sur le dessus ou dans le fond du mug.

3. Dans un autre mug, faites fondre le chocolat cassé en morceaux avec la crème liquide 30 s au micro-ondes (750 W). Mélangez à l'aide d'une fourchette pour faire fondre les éventuels morceaux de chocolat restants. Versez la sauce au chocolat sur le mug cake à la noix de coco et dégustez.

MUG CAKE AUX FRAMBOISES ET CHOCOLAT BLANC

Pour 1 mug / 5 min de préparation / 2 min 30 de cuisson / 5 min de repos

Ingrédients

30 g de chocolat blanc
30 g de beurre
3 cuil. à soupe de sucre
1 œuf
2 cuil. à soupe de lait
4 cuil. à soupe de farine
1 pincée de levure chimique
Une dizaine de framboises

1. Dans un mug, cassez le chocolat blanc en petits morceaux. Ajoutez le beurre et faites fondre le tout 1 min au micro-ondes (750 W). Mélangez à l'aide d'une fourchette pour faire fondre les éventuels morceaux de chocolat restants. Ajoutez le sucre et mélangez. Cassez l'œuf dans le mug puis versez le lait. Mélangez vigoureusement.

2. Ajoutez la farine, la levure chimique et mélangez de nouveau jusqu'à obtenir une pâte bien lisse. Posez les framboises sur le dessus et enfoncez-les légèrement pour qu'elles se retrouvent au cœur du mug cake.

3. Faites cuire 1 min 30 au micro-ondes (750 W). Vérifiez la cuisson en glissant un couteau le long de la paroi du mug. Remettez à cuire 30 s si la pâte est encore liquide sur le dessus ou dans le fond. Laissez reposer 5 min avant de déguster.

MUG CAKES

MUG CAKE AU FROMAGE BLANC VANILLE ET SON COULIS DE FRAISES

Pour 1 mug / 8 min de préparation / 2 min 30 de cuisson / 1 h de repos

Ingrédients

1 œuf
3 cuil. à soupe
+ 1 cuil. à café de sucre
½ cuil. à café d'extrait
de vanille liquide
5 cuil. à soupe
de fromage blanc
3 cuil. à soupe de farine
1 pincée de levure chimique
3 belles fraises

1. Dans un grand mug ou dans un bol, battez l'œuf avec 3 cuil. à soupe de sucre et l'extrait de vanille liquide. Ajoutez le fromage blanc, mélangez. Ajoutez la farine, la levure chimique et mélangez de nouveau.

2. Faites cuire 2 min 30 au micro-ondes (750 W). Vérifiez la cuisson en glissant un couteau le long de la paroi du mug. Remettez à cuire 30 s si la pâte est encore liquide sur le dessus ou dans le fond. Laissez refroidir puis placez pendant 1 h au réfrigérateur.

3. Mixez les fraises avec 1 cuil. à café de sucre. Versez le coulis sur le dessus du mug cake et dégustez.

MUG CAKES

MUG CAKE COMME UN MUFFIN AUX MYRTILLES

Pour 1 mug / 5 min de préparation / 1 min 30 de cuisson / 5 min de repos

Ingrédients
3 cuil. à soupe de farine
1 pincée de levure chimique
2 cuil. à soupe de sucre
1 sachet de sucre vanillé
1 cuil. à soupe d'huile de colza
2 cuil. à soupe de lait
1 grosse cuil. à soupe de myrtilles fraîches ou surgelées

1. Dans un mug, mélangez la farine, la levure, le sucre et le sucre vanillé. Ajoutez l'huile, le lait et mélangez rapidement à l'aide d'une fourchette. Incorporez délicatement les myrtilles.

2. Faites cuire 1 min 30 au micro-ondes (750 W). Vérifiez la cuisson en glissant un couteau le long de la paroi du mug. Remettez à cuire 30 s si la pâte est encore liquide dans le fond. Laissez reposer 5 min avant de déguster.

VARIANTES
Vous pouvez remplacer les myrtilles par des pépites de chocolat, des framboises ou encore des raisins secs.

MUG CAKES

MUG CAKE POIRE ET CARAMBAR®

Pour 1 mug / 8 min de préparation / 2 min 30 de cuisson / 5 min de repos

Ingrédients
30 g de beurre
3 cuil. à soupe de sucre
1 œuf
2 cuil. à soupe de lait
4 cuil. à soupe de farine
1 pincée de levure chimique
1 petite poire
2 Carambar®

1. Dans un grand mug ou dans un bol, faites fondre le beurre pendant 1 min au micro-ondes (750 W). Ajoutez le sucre et mélangez. Cassez l'œuf dans le mug puis versez le lait. Mélangez vigoureusement. Ajoutez la farine et la levure. Mélangez jusqu'à obtenir une pâte bien lisse.

2. Épluchez la poire, coupez-la en petits morceaux et incorporez-les à la pâte. Placez les Carambar® au milieu du mug en les enfonçant légèrement.

3. Faites cuire 2 min au micro-ondes (750 W). Vérifiez la cuisson en glissant un couteau le long de la paroi du mug. Remettez à cuire 30 s si la pâte est encore liquide sur le dessus ou dans le fond. Laissez reposer 5 min avant de déguster.

MUG CAKES

MUG CHEESECAKE À LA CONFITURE

Pour 1 mug / 8 min de préparation / 2 min 30 de cuisson / 1 h de repos

Ingrédients
2 cuil. à soupe de ricotta
2 cuil. à soupe de St Môret
1 œuf
1 cuil. à soupe de jus de citron
3 cuil. à soupe de sucre glace
1 cuil. à soupe de confiture à la mûre
1 spéculoos

1. Dans un mug, battez la ricotta et le St Morêt® à l'aide d'une fourchette jusqu'à obtenir une texture bien lisse. Ajoutez l'œuf, le jus de citron et mélangez. Incorporez le sucre glace. Déposez la confiture au milieu du mug et mélangez très légèrement avec la pointe d'un couteau pour donner un effet marbré.

2. Faites cuire 2 min 30 au micro-ondes (750 W). Vérifiez la cuisson en glissant un couteau le long de la paroi du mug. Remettez à cuire 30 s si la pâte est encore liquide dans le fond ou sur le dessus. Laissez refroidir.

3. Émiettez grossièrement le spéculoos sur le dessus du cheesecake puis placez au frais pendant 1 h avant de déguster.

VARIANTE
Variez les confitures pour parfumer ce cheesecake à votre goût.

MUG CAKES

MUG COOKIE

Pour 1 mug / 5 min de préparation / 2 min de cuisson / 2 min de repos

Ingrédients
15 g de beurre
1½ cuil. à soupe de cassonade
1 jaune d'œuf
3 gouttes d'extrait de vanille
3 cuil. à soupe de farine
1 cuil. à soupe de pépites de chocolat

1. Dans un mug ou un ramequin, faites fondre le beurre pendant 1 min au micro-ondes (750 W). Ajoutez la cassonade, le jaune d'œuf, la vanille et mélangez.

2. Ajoutez la farine et mélangez de nouveau. Incorporez les pépites de chocolat.

3. Faites cuire 1 min au micro-ondes (750 W). Laissez reposer 2 min avant de déguster.

VARIANTES

Remplacez les pépites de chocolat par des raisins secs, des noisettes ou encore des éclats de bonbons au caramel.

MUG CAKES

MUG COOKIE À L'AMANDE SANS BEURRE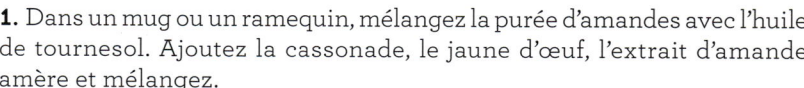

Pour 1 mug / 5 min de préparation / 1 min de cuisson / 2 min de repos

Ingrédients
15 g de purée d'amande blanche (1 cuil. à soupe)
1 cuil. à café d'huile de tournesol
1½ cuil. à soupe de cassonade
1 jaune d'œuf
2 gouttes d'extrait d'amande amère
1 cuil. à soupe de farine
2 cuil. à soupe de poudre d'amandes
1 cuil. à soupe de pépites de chocolat

1. Dans un mug ou un ramequin, mélangez la purée d'amandes avec l'huile de tournesol. Ajoutez la cassonade, le jaune d'œuf, l'extrait d'amande amère et mélangez.

2. Ajoutez la farine, la poudre d'amandes et mélangez de nouveau. Incorporez les pépites de chocolat. Faites cuire pendant 1 min au micro-ondes (750 W). Laissez reposer 2 min avant de déguster.

VARIANTES

Vous pouvez remplacer la poudre et la purée d'amandes par de la poudre et de la purée de noisettes.

MUG CAKES

MUG COOKIE AU BEURRE DE CACAHUÈTES ET M&M's®

Pour 1 mug / 5 min de préparation / 2 min de cuisson / 2 min de repos

Ingrédients
15 g de beurre
1½ cuil. à soupe de cassonade
1 jaune d'œuf
1 cuil. à soupe de beurre de cacahuètes
3 cuil. à soupe de farine
10 M&M's®

1. Dans un mug ou un ramequin, faites fondre le beurre pendant 1 min au micro-ondes (750 W). Ajoutez la cassonade, le jaune d'œuf, le beurre de cacahuètes et mélangez.

2. Ajoutez la farine et mélangez de nouveau. Hachez grossièrement les M&M's® et incorporez-les à la pâte. Faites cuire 1 min au micro-ondes (750 W). Laissez reposer 2 min avant de déguster.

MUG CAKES

MUG COOKIE AU CHOCOLAT BLANC ET CRANBERRIES

Pour 1 mug / 5 min de préparation / 2 min de cuisson / 2 min de repos

Ingrédients
15 g de beurre
1½ cuil. à soupe de cassonade
1 jaune d'œuf
3 cuil. à soupe de farine
1 cuil. à soupe de cranberries
15 g de chocolat blanc

1. Dans un mug ou un ramequin, faites fondre le beurre pendant 1 min au micro-ondes (750 W). Ajoutez la cassonade, le jaune d'œuf et mélangez. Ajoutez la farine et mélangez de nouveau.

2. Incorporez les cranberries et le chocolat blanc cassé en petits morceaux. Faites cuire 1 min au micro-ondes (750 W). Laissez reposer 2 min avant de déguster.

MUG CAKES

MUG BROWNIE AUX NOIX DE PÉCAN

Pour 1 mug / 5 min de préparation / 2 min 30 de cuisson / 5 min de repos

Ingrédients
40 g de chocolat noir
30 g de beurre demi-sel
2 cuil. à soupe de sucre
2 cuil. à soupe de farine
1 œuf
½ cuil. à café d'extrait de vanille liquide
5 cerneaux de noix de pécan

1. Dans un mug, cassez le chocolat en petits morceaux. Ajoutez le beurre et faites fondre le tout 1 min au micro-ondes (750 W). Mélangez à l'aide d'une fourchette pour faire fondre les éventuels morceaux de chocolat restants.

2. Ajoutez le sucre, la farine et mélangez. Cassez l'œuf dans le mug et battez vigoureusement avec la fourchette jusqu'à ce que la pâte soit bien lisse. Ajoutez l'extrait de vanille liquide et les noix de pécan grossièrement hachées. Mélangez de nouveau.

3. Faites cuire 1 min 30 au micro-ondes (750 W). Laissez reposer 5 min avant de déguster.

MUG CAKES

PAIN PERDU AU MUG

Pour 1 mug / 5 min de préparation / 1 min de cuisson / 2 min de repos

Ingrédients
1 œuf
3 cuil. à soupe de lait
5 gouttes d'extrait de vanille liquide
1 cuil. à soupe de sucre
2 tranches de brioche

1. Dans un mug, battez l'œuf avec le lait, l'extrait de vanille et le sucre. Ajoutez une première tranche de brioche coupée en petits morceaux, mélangez. Ajoutez la seconde tranche de brioche coupée en petits morceaux et mélangez de nouveau.

2. Tous les morceaux doivent être bien imprégnés du mélange aux œufs. Faites cuire 1 min au micro-ondes (750 W). Vérifiez la cuisson en glissant un couteau le long de la paroi du mug. Remettez à cuire 30 s s'il reste du liquide dans le fond. Laissez reposer 2 min avant de déguster.

MUG CAKES

BANANA BREAD AU MUG

Pour 1 mug / 5 min de préparation / 2 min 30 de cuisson / 5 min de repos

Ingrédients
1 œuf
2 cuil. à soupe de cassonade
1 pincée de cannelle
1 cuil. à soupe d'huile de tournesol
2 cuil. à soupe de lait
4 cuil. à soupe de farine
1 pincée de levure chimique
1 banane bien mûre

1. Dans un grand mug ou dans un bol, battez l'œuf avec la cassonade à l'aide d'une fourchette. Ajoutez la cannelle, l'huile et le lait. Mélangez. Ajoutez la farine et la levure chimique. Mélangez de nouveau jusqu'à obtenir une pâte bien lisse. Incorporez la banane écrasée.

2. Faites cuire 2 min 30 au micro-ondes (750 W). Vérifiez la cuisson en glissant un couteau le long de la paroi du mug. Remettez à cuire 30 s si la pâte est encore liquide sur le dessus ou dans le fond. Laissez reposer 5 min avant de déguster.

VARIANTES
Vous pouvez ajouter quelques noix grossièrement hachées ou des pépites de chocolat.

MUG CAKES

PETIT SABLÉ MARBRÉ AU MUG

Pour 1 bol / 8 min de préparation / 2 min de cuisson / 5 min de repos

Ingrédients
30 g de beurre mou
2 cuil. à soupe de sucre
4 cuil. à soupe de farine
1 pincée de levure chimique
2 cuil. à café de lait
1 cuil. à café de cacao

1. Dans un bol, mélangez le beurre mou avec le sucre à l'aide d'une fourchette. Ajoutez la farine, la levure et mélangez jusqu'à obtenir une texture sableuse. Versez le lait et travaillez la pâte à la fourchette. Elle doit devenir lisse et se détacher de la paroi du bol.

2. Séparez-la en deux parts égales. Ajoutez le cacao dans une part et incorporez-le en pétrissant à la main. Coupez les deux pâtes en petits morceaux et disposez-les de manière aléatoire dans le bol. Tassez légèrement.

3. Faites cuire 2 min au micro-ondes (750 W). Laissez reposer pendant 5 min avant de déguster.

2. CUPCAKES

CUPCAKES

CUPCAKES AU CHOCOLAT

Pour 20 cupcakes / 25 min de préparation / 20 min de cuisson

Ingrédients
100 g de yaourt nature
200 g de sucre en poudre
2 gros œufs
160 g de farine
2 cuil. à soupe de cacao amer en poudre
10 g de levure chimique (1 sachet)
90 g d'huile de tournesol ou d'arachide

Pour le décor
150 g de chocolat noir
80 g de crème liquide

Matériel
Passoire fine
Moules à cupcakes ou à muffins
Poche à douille

1. Préchauffez le four à 180 °C (th. 6). Préparez la pâte. Dans un grand bol, assemblez le yaourt, le sucre et les œufs. Mélangez au fouet quelques instants. Ajoutez la farine, le cacao et la levure chimique préalablement tamisés à l'aide d'une passoire fine. Fouettez de nouveau. Versez l'huile et mélangez encore jusqu'à obtention d'une pâte parfaitement homogène.

2. Déposez les moules sur une plaque de cuisson. Versez-y la pâte et enfournez pour 20 à 25 min de cuisson. À la sortie du four, laissez refroidir complètement les cupcakes.

3. Préparez le décor. Hachez finement le chocolat noir. Dans une casserole, portez la crème à ébullition puis sortez du feu aussitôt. Ajoutez immédiatement le chocolat et mélangez jusqu'à obtention d'une pâte lisse et brillante. Laissez refroidir et épaissir un moment. Placez-la dans une poche à douille et décorez-en les cupcakes à votre goût.

CONSEILS

Pour le décor, panachez chocolats noir et blanc.

CUPCAKES

CUPCAKES AU CACAO

Pour 6 cupcakes / 25 min de préparation / 20 à 25 min de cuisson / 30 min de repos

Ingrédients
50 g de yaourt nature
120 g de sucre
1 gros œuf
80 g de farine
5 g de levure chimique (1/2 sachet)
1 cuil. à soupe de cacao amer tamisé
4 cl d'huile

Pour le glaçage
20 cl de crème liquide glacée
1 sachet de stabilisant pour crème Chantilly (au rayon pâtisserie)
2 cuil. à soupe de sucre glace
1 cuil. à soupe de cacao amer

Matériel
Poche à douille
Moules à cupcakes ou à muffins

1. Préchauffez le four à 180 °C (th. 6). Dans un saladier, assemblez le yaourt, le sucre et l'œuf. Mélangez avec un fouet quelques instants. Ajoutez la farine, la levure chimique, le cacao, mélangez à nouveau avec le fouet. Versez l'huile, mélangez encore pour obtenir une pâte homogène.

2. Déposez les moules sur une plaque de cuisson. Versez et répartissez équitablement la pâte dans les moules. Enfournez pour 20 à 25 min de cuisson. Sortez du four, laissez refroidir un moment, démoulez les cupcakes. Ils doivent être complètement froids avant d'être décorés.

3. Préparez le glaçage : battez la crème glacée avec le stabilisant et le sucre. Placez la crème dans la poche à douille, décorez les cupcakes. Décorez en saupoudrant de cacao amer tamisé.

CUPCAKES

CUPCAKES FAÇON CHOCOLAT LIÉGEOIS

Pour 10 cupcakes / 15 min de préparation / 14 min de cuisson

Ingrédients
15 cl de lait
100 g de chocolat noir pâtissier
110 g de beurre
100 g de sucre
2 sachets de sucre vanillé
2 œufs
140 g de farine
½ sachet de levure chimique

Pour la chantilly
25 cl de crème liquide
2 cuil. à soupe de sucre glace
1 sachet de poudre de fixation

Pour la décoration
Cacao en poudre

Matériel
Batteur électrique
Moules à cupcakes ou à muffins

1. Préchauffez votre four à 180 °C (th. 6).

2. Dans une casserole, faites chauffer le lait et ajoutez le chocolat cassé en morceaux pour le faire fondre. Mélangez soigneusement.

3. Dans un saladier, battez le beurre avec les sucres. Ajoutez les œufs, puis le chocolat maison. Terminez par la farine mélangée à la levure.

4. Remplissez aux trois quarts des caissettes en papier ou en silicone. Enfournez pour 14 min.

5. Pendant ce temps, préparez la chantilly. Dans un saladier, battez la crème liquide bien froide. Ajoutez le sucre glace et battez quelques secondes. Terminez par la poudre de fixation et battez jusqu'à obtention d'une belle chantilly ferme.

6. Décorez les cupcakes refroidis de chantilly et saupoudrez de cacao en poudre.

CUPCAKES

CAKES MOUSSEUX AU CHOCOLAT

Pour 1 cake / 20 min de préparation / 45 min de cuisson

Ingrédients
200 g de chocolat
5 œufs
170 g de beurre
+ 15 g pour le moule
170 g de sucre
+ 10 g pour le moule

Matériel
Moules à cupcakes
ou à muffins

1. Préchauffez le four à 180 °C (th. 6). Beurrez, puis sucrez le moule. Laissez-le ensuite au réfrigérateur le temps de réaliser la pâte. Faites fondre le beurre et le chocolat au bain-marie. Versez le mélange fondu dans une jatte et ajoutez le sucre, puis les jaunes d'œufs, un par un. Mélangez bien jusqu'à obtention d'une préparation homogène.

2. Battez les blancs en neige et incorporez-les délicatement à la préparation au chocolat. Remplissez le moule et enfournez pour 35 min.

VARIANTE
Pour les fous de chocolats, vous pouvez ajouter 100 g de pépites de chocolat noir.

CUPCAKES

CUPCAKES AUX PÉPITES DE CHOCOLAT

Pour 6 cupcakes / 25 min de préparation / 20 à 25 min de cuisson / 30 min de repos

Ingrédients
50 g de yaourt nature
120 g de sucre
1 gros œuf
80 g de farine
5 g de levure chimique (1/2 sachet)
4 cl d'huile (tournesol, arachide)
80 g de chocolat noir

Pour le glaçage
4 cuil. à soupe de sucre glace
1 cuil. à soupe de jus d'orange
Chocolat noir

Matériel
Poche à douille
Moules à cupcakes ou à muffins

1. Préchauffez le four à 180 °C (th. 6). Dans un saladier, assemblez le yaourt, le sucre et l'œuf. Mélangez avec un fouet quelques instants. Ajoutez la farine et la levure chimique, mélangez à nouveau avec le fouet pour incorporer complètement les ingrédients. Versez l'huile, mélangez encore pour obtenir une pâte parfaitement homogène. Ajoutez le chocolat noir concassé en morceaux avec un couteau.

2. Déposez les moules sur une plaque de cuisson. Versez et répartissez équitablement la pâte dans les moules. Enfournez pour 20 à 25 min de cuisson. Sortez du four, laissez refroidir un moment, démoulez les cupcakes. Ils doivent être complètement froids avant d'être décorés.

3. Préparez le glaçage : dans un bol, mélangez le sucre glace et le jus d'orange. Placez le glaçage dans la poche à douille et décorez les cupcakes à votre goût. Déposez quelques éclats de chocolat noir sur le dessus.

CONSEIL

Choisissez un chocolat noir « fort en cacao », affichant au moins 70 % de cacao.

CUPCAKES

CUPCAKES AUX OREO®

Pour 15 cupcakes / 20 min de préparation / 15 à 20 min de cuisson

Ingrédients
1 pot de yaourt nature
(le pot sert d'unité
de mesure)
3 pots de farine
1 sachet de levure chimique
3 œufs
½ pot d'huile
2 pots de sucre en poudre
20 biscuits Oreo®

Pour le glaçage
200 g de fromage frais
(type Philadelphia
ou St Môret)
60 g de beurre mou
60 g de sucre glace

Matériel
Moules à cupcakes
ou à muffins
Poche à douille

1. Préchauffez le four à 180 °C (th. 6). Tamisez la farine avec la levure chimique. Dans un saladier, fouettez vivement les œufs et le yaourt. Versez l'huile et le sucre. Mélangez bien. Versez en trois fois le mélange farine-levure. Remuez bien la pâte.

2. Concassez un biscuit dans chaque moule. Répartissez la préparation dessus jusqu'aux trois quart des moules, tournez légèrement avec la pointe d'un couteau et enfournez pour 15 à 20 min.

3. Sortez du four puis laissez refroidir sur une grille.

4. Émiettez les 5 biscuits restants dans un bol. Préparez le glaçage, dans un saladier fouettez le fromage frais et le beurre jusqu'à obtenir un mélange homogène. Versez le sucre glace petit à petit tout en remuant. Continuez de mélanger pendant 2 min et ajoutez les miettes des biscuits. Placez la préparation au frais pendant 30 min afin qu'elle durcisse. Mélangez bien, versez dans la poche à douille et dressez aussitôt sur les petits gâteaux. Déposez un quart de biscuit sur le dessus pour la décoration et servez aussitôt.

CUPCAKES

CUPCAKES GOURMANDS AU BOUNTY®

Pour 11 cupcakes / 20 min de préparation / 12 à 14 min de cuisson

Ingrédients
85 g de beurre
85 g de sucre
2 œufs
150 g de chocolat pâtissier
190 g de farine
½ sachet de levure chimique
3 barres chocolatées Bounty®

Pour la ganache
50 g de chocolat pâtissier
250 g de mascarpone
2 cuil. à soupe de sucre glace

Matériel
Moules à cupcakes ou à muffins

1. Préchauffez votre four à 180 °C (th. 6). Faites fondre le chocolat au four à micro-ondes.

2. Dans un saladier, battez le beurre avec le sucre. Ajoutez les œufs, le chocolat fondu, puis la farine mélangée à la levure.

3. Remplissez aux trois quarts des caissettes.

4. Coupez 1 Bounty® en dés et parsemez-en la pâte. Enfournez 12 à 14 min.

5. Faites fondre le chocolat de la ganache au micro-ondes. Mettez tous les ingrédients dans un saladier et battez jusqu'à obtention d'une pâte lisse. Remplissez une poche à douille et décorez les cupcakes. Ajoutez un carré de barre Bounty® au sommet.

CUPCAKES

CUPCAKES CHOCOLAT-MENTHE

Pour 8 cupcakes / 15 min de préparation / 12 min de cuisson

Ingrédients
100 g de chocolat pâtissier
60 g de beurre
70 g de sucre
2 œufs
1 sachet de préparation pour flan au chocolat
150 g de farine
2 cuil. à soupe de levure chimique

Pour le glaçage à la menthe
10 feuilles de menthe
250 g de mascarpone
Quelques gouttes de colorant vert
2 sachets de sucre vanillé
1 cuil. à soupe de sirop de menthe

Pour la décoration
Quelques pépites de chocolat

Matériel
Mixeur
Moules à cupcakes ou à muffins

1. Préchauffez votre four à 180 °C (th. 6).

2. Faites fondre le chocolat cassé en morceaux au four à micro-ondes.

3. Dans un saladier, battez le beurre avec le sucre, ajoutez les œufs, le sachet de flan au chocolat, le chocolat fondu et la farine mélangée à la levure chimique.

4. Remplissez aux trois quarts des caissettes en papier ou en silicone. Enfournez pour 12 min.

5. Pendant ce temps, préparez le glaçage. Mixez les feuilles de menthe avec 1 cuil. à soupe d'eau.

6. Dans un saladier, mettez tous les ingrédients et mélangez le tout énergiquement.

7. Une fois les cupcakes refroidis, coupez-les en 2 dans l'épaisseur et garnissez-les de glaçage. Refermez-les et terminez en mettant une petite touche de glaçage sur le dessus. Parsemez de pépites de chocolat.

CUPCAKES AU CHOCOLAT ET À LA VIOLETTE

Pour 12 cupcakes / 15 min de préparation / 15 min de cuisson

Ingrédients
100 g de beurre
75 g de sucre
2 œufs
100 g de chocolat pâtissier
100 g de farine
1 cuil. à café de levure chimique
Quelques pépites de chocolat

Pour le glaçage à la violette
250 g de mascarpone
3 cuil. à soupe de sucre glace
Quelques gouttes de colorant violet
2 cuil. à soupe de sirop de violette

Pour la décoration
Sucre de couleur lilas
Petits nœuds en chocolat violet

Matériel
Poche à douille
Moules à cupcakes ou à muffins

1. Préchauffez votre four à 180 °C (th. 6).

2. Dans un saladier, battez le beurre avec le sucre. Ajoutez les œufs un à un. Faites fondre le chocolat au four à micro-ondes puis ajoutez-le dans le saladier. Terminez par la farine mélangée à la levure. Mélangez bien le tout.

3. Remplissez aux trois quarts des caissettes en papier ou en silicone. Parsemez de quelques pépites de chocolat et enfournez pour 15 min.

4. Pendant ce temps, préparez le glaçage à la violette. Mettez tous les ingrédients dans un saladier et battez le tout jusqu'à l'obtention d'une belle crème. Remplissez une poche à douille et décorez-en les cupcakes refroidis.

5. Parsemez ensuite de sucre lilas et disposez un petit nœud en chocolat sur le sommet des cupcakes.

CUPCAKES NOIX DE COCO ET CHOCOLAT

Pour environ 10 cupcakes / 15 min de préparation / 10 à 12 min de cuisson

Ingrédients
100 g de chocolat pâtissier
2 œufs
80 g de sucre
120 g de farine
½ sachet de levure chimique
60 g de beurre
Noix de coco râpée

Pour le glaçage
150 g de fromage blanc
50 g de lait de coco
3 cuil. à soupe de sucre glace
1 sachet de poudre de fixation

Matériel
Moules à cupcakes ou à muffins

1. Préchauffez le four à 180 °C (th. 6). Faites fondre le chocolat au four à micro-ondes, puis ajoutez-y le beurre et mélangez bien les deux. Dans un saladier, mélangez les œufs et le sucre, ajoutez le chocolat fondu, puis la farine mélangée à la levure chimique.

2. Remplissez aux trois quarts des caissettes et enfournez 10 à 12 min.

3. Dans un saladier mélangez au batteur électrique le fromage blanc et le lait de coco. Ajoutez le sucre glace et la poudre de fixation. Réservez au frais.

4. Une fois les cupcakes cuits, laissez-les refroidir. Mettez le glaçage dans une poche à douille et recouvrez-les de glaçage. Terminez en saupoudrant de noix de coco râpée.

CUPCAKES

CUPCAKES AU CHOCOLAT ET AUX FRAMBOISES

Pour 11 cupcakes / 20 min de préparation / 16 min de cuisson

Ingrédients
100 g de beurre
75 g de sucre
2 œufs
150 g de chocolat pâtissier
100 g de farine
1 cuil. à café de levure chimique

Pour le coulis de framboises
26 framboises
3 cuil. à soupe de sucre
2 cuil. à soupe d'eau
1 cuil. à café de jus de citron
1 g d'agar-agar

Pour la ganache
50 g de chocolat pâtissier
130 g de mascarpone
2 cuil. à soupe de sucre glace

Matériel
Mixeur
Poche à douille
Moules à cupcakes ou à muffins

1. Préchauffez votre four à 180 °C (th. 6).

2. Faites fondre le chocolat au four à micro-ondes. Dans un récipient, battez le beurre avec le sucre. Ajoutez les œufs et le chocolat fondu. Poursuivez par la farine et la levure.

3. Remplissez aux trois quarts des caissettes ou des moules en silicone, puis enfournez pour 16 min.

4. Pendant ce temps, préparez le coulis. Dans une casserole, mettez 15 framboises, le sucre, l'eau et le jus de citron. Laissez bouillonner quelques minutes en mélangeant. Ajoutez l'agar-agar et laissez encore quelques minutes sur le feu. Mixez cette préparation, puis laissez le coulis refroidir.

5. Faites fondre le chocolat pour la ganache et laissez-le refroidir. Dans un récipient, battez le mascarpone et le sucre glace. Ajoutez le chocolat fondu. Remplissez une poche à douille de cette ganache.

6. Creusez un petit creux au centre de chaque cupcake refroidi. Versez 1 grosse cuil. à soupe de coulis dans chaque creux, puis recouvrez le tout de ganache. Terminez en déposant 1 framboise au sommet de chaque cupcake.

CUPCAKES

CUPCAKES BANANE-NUTELLA®

Pour 8 cupcakes / 20 min de préparation / 15 min de cuisson

Ingrédients
110 g de beurre
100 g de sucre
2 sachets de sucre vanillé
2 œufs
3 ½ bananes
150 g de farine
½ sachet de levure chimique
3 cuil. à soupe de lait
Nutella®

Pour le glaçage
250 g de mascarpone
3 cuil. à soupe de sucre glace

Matériel
Moules à cupcakes ou à muffins

1. Préchauffez votre four à 180 °C (th. 6).

2. Dans un saladier, battez le beurre avec les sucres. Ajoutez les œufs un à un. Ajoutez 2 bananes et demie écrasées, la farine mélangée à la levure et le lait.

3. Remplissez des caissettes à moitié de pâte. Ajoutez 1 cuil. à café de Nutella®, puis recouvrez de pâte. Enfournez 15 min.

4. Pendant ce temps, préparez le glaçage. Dans un saladier, battez le mascarpone et le sucre glace. Remplissez la poche à douille, puis décorez les cupcakes refroidis.

5. Faites fondre un peu de Nutella® au micro-ondes. Décorez les cupcakes de 1 cuil. à café de Nutella® fondu et de 2 rondelles de banane.

CUPCAKES

CUPCAKES MARBRÉS AU CHOCOLAT ET À L'ABRICOT

Pour 12 cupcakes / 20 min de préparation / 12 à 14 min de cuisson

Ingrédients
100 g de chocolat pâtissier
100 g de beurre
75 g de sucre
2 œufs
100 g de farine
½ sachet de levure chimique
2 cuil. à soupe d'arôme d'abricot
Colorant orange
Pépites de chocolat

Pour la crème à l'abricot
250 g de mascarpone
3 cuil. à soupe de sucre glace
2 cuil. à soupe d'arôme d'abricot
Colorant orange
1 sachet de poudre de fixation

Pour la décoration
2 abricots frais
20 g de chocolat fondu

Matériel
Moules à cupcakes

1. Préchauffez votre four à 180 °C (th. 6). Faites fondre le chocolat au micro-ondes.

2. Dans un saladier, battez le beurre avec le sucre. Ajoutez les œufs, puis la farine mélangée à la levure chimique. Répartissez cette préparation dans deux saladiers. Dans l'un, ajoutez le chocolat fondu ; dans l'autre, ajoutez l'arôme d'abricot et le colorant et mélangez bien.

3. Dans des caissettes en papier ou en silicone, versez les pâtes en les alternant, puis parsemez de pépites de chocolat. Enfournez 12 à 14 min.

4. Pendant ce temps, préparez la crème à l'abricot. Dans un récipient, battez le mascarpone avec le sucre glace, l'arôme, le colorant et la poudre de fixation. Remplissez une poche à douille de cette crème, puis décorez les cupcakes.

5. Lavez et coupez en huit les abricots. Trempez chaque morceau à moitié dans le chocolat fondu, puis disposez-les au sommet de chaque cupcake.

CUPCAKES

CUPCAKES AU CHOCOLAT BLANC

Pour 6 cupcakes / 25 min de préparation / 20 à 25 min de cuisson / 30 min de repos

Ingrédients
6 carrés de chocolat blanc
50 g de yaourt nature
120 g de sucre
1 gros œuf
80 g de farine
5 g de levure chimique
(1/2 sachet)
4 cl d'huile
(tournesol, arachide)

Pour le glaçage
100 g de chocolat blanc
20 g de beurre
Vermicelles colorés

Matériel
Moules à cupcakes
ou à muffins

1. Préchauffez le four à 180 °C (th. 6). Concassez le chocolat. Répartissez-le dans les moules. Dans un saladier, assemblez le yaourt, le sucre et l'œuf. Mélangez avec un fouet quelques instants. Ajoutez la farine et la levure chimique, mélangez à nouveau avec le fouet pour incorporer complètement les ingrédients. Versez l'huile, mélangez encore pour obtenir une pâte parfaitement homogène.

2. Déposez les moules sur une plaque de cuisson. Versez et répartissez équitablement la pâte dans les moules, sur le chocolat. Enfournez pour 20 à 25 min de cuisson. Sortez du four, laissez refroidir un moment, démoulez les cupcakes. Ils doivent être complètement froids avant d'être décorés.

3. Préparez le glaçage : faites fondre le chocolat blanc concassé dans un bol plongé dans de l'eau chaude. Ajoutez le beurre fondu, juste tiède, mélangez. Trempez le sommet des cupcakes dans le chocolat, laissez complètement refroidir. Saupoudrez, pour terminer, de vermicelles colorés.

VARIANTE

Peaufinez la décoration avec des pétales de fleurs confits au sucre.

CUPCAKES

CUPCAKES AU CHOCOLAT BLANC ET AU COQUELICOT

Pour 13 cupcakes / 15 min de préparation / 12 à 14 min de cuisson

Ingrédients
50 g de chocolat blanc
110 g de beurre
2 sachets de sucre vanillé
80 g de sucre
2 œufs
3 cuil. à soupe de sirop de coquelicot
140 g de farine
½ sachet de levure chimique
Petites fleurs blanches en sucre ou en pâte à sucre

Pour le glaçage
250 g de mascarpone
2 cuil. à soupe de sirop de coquelicot
2 cuil. à soupe de sucre glace

Matériel
Moules à cupcakes ou à muffins

1. Préchauffez votre four à 180 °C (th. 6). Râpez le chocolat blanc et réservez-le.

2. Dans un saladier, battez le beurre avec les sucres, puis les œufs et le sirop. Ajoutez ensuite la levure et la farine.

3. Remplissez aux trois quarts des caissettes en papier ou en silicone, puis parsemez de copeaux de chocolat blanc. Enfournez pour 12 à 14 min.

4. Pendant ce temps, préparez le glaçage. Dans un saladier, battez tous les ingrédients, puis remplissez la poche à douille et décorez les cupcakes refroidis. Décorez de petites fleurs blanches.

CUPCAKES FAÇON MINI-PIÈCE MONTÉE

Pour environ 8 cupcakes / 30 min de préparation / 12 à 14 min de cuisson

Ingrédients
110 g de beurre
100 g de sucre
1 sachet de sucre vanillé
2 œufs
40 g d'amandes en poudre
3 cuil. à soupe de lait
130 g de farine
2 cuil. à café de levure chimique

Pour la crème à la rose
180 g de mascarpone
Colorant rose
2 cuil. à soupe de crème liquide
1 cuil. à café d'arôme de rose
2 cuil. à soupe de sucre glace

Pour la décoration
Pâte d'amandes blanche
Perles de sucre

Matériel
2 emporte-pièce ronds de taille différente

1. Préchauffez votre four à 180 °C (th. 6).

2. Dans un récipient, battez le beurre avec le sucre et le sucre vanillé. Ajoutez les œufs, les amandes en poudre et le lait. Terminez par la farine et la levure.

3. Remplissez aux trois quarts des caissettes rigides en papier. Enfournez pour 12 à 14 min.

4. Pendant ce temps, préparez la crème à la rose. Dans un récipient, battez le mascarpone et la crème liquide. Ajoutez le colorant et l'arôme. Terminez par le sucre glace.

5. Démoulez les cupcakes et, avec l'emporte-pièce, découpez-les tous. Coupez ensuite chaque rond en deux dans l'épaisseur. Découpez de plus petits ronds dans le disque inférieur, puis coupez le dessus du rond supérieur.

6. Tartinez tous les disques de crème à la rose. Disposez les petits disques sur les plus gros.

7. Étalez ensuite la pâte d'amandes sur une épaisseur de 0,5 cm sur un plan de travail recouvert d'un peu de sucre glace. Recouvrez les mini-pièces montées de cette pâte et découpez le surplus.

8. Disposez tout autour de la pièce monté des perles en sucre en alternant rose et nacré. Puis disposez une feuille de rose comestible au sommet. Conservez au frais.

CUPCAKES

CUPCAKES MARBRÉS VANILLE-CARAMEL BEURRE SALÉ

Pour 12 cupcakes / 30 min de préparation / 15 à 20 min de cuisson

Ingrédients
75 g de beurre
120 g de farine
½ sachet de levure chimique
2 œufs
80 g de sucre
1 cuil. à café d'arôme vanille
1 pincée de sel

Pour le caramel au beurre salé
80 g de sucre en poudre
10 cl de crème liquide
30 g de beurre salé
3 g de sel

Pour la ganache au chocolat
250 g de chocolat noir pâtissier
25 cl de crème liquide

Matériel
Batteur
Poche à douille
Moules à cupcakes ou à muffins

1. Préparez le caramel : faites fondre le sucre dans une casserole sans eau. Dans une autre casserole, faites bouillir la crème liquide. Dès que vous obtenez une belle couleur brune, versez la crème liquide et le beurre salé. Mélangez puis portez à ébullition. Laissez refroidir.

2. Préchauffez le four à 180 °C (th. 6). Faites fondre le beurre dans une casserole à feu doux. Réservez. Tamisez la farine et la levure dans un bol. Cassez les œufs en séparant les blancs des jaunes. Montez les blancs en neige bien ferme avec le sel. Dans un saladier, mélangez au fouet le beurre fondu avec le sucre puis ajoutez les jaunes d'œufs ; versez en pluie le mélange farine-levure. Mélangez bien le tout. Incorporez les blancs montés en neige, en tournant doucement dans le même sens.

3. Divisez la pâte en 2 parts égales : dans l'une, incorporez l'arôme vanille et dans l'autre, 2 cuil. à soupe de caramel au beurre salé. Mélangez bien.

4. Versez les pâtes en les alternant dans les moules, aux trois quarts de leur hauteur. Enfournez pour 15 à 20 min. La pointe d'un couteau doit ressortir sèche. Laissez refroidir.

5. Préparez la ganache au chocolat. Dans un saladier concassez le chocolat. Faites chauffer la crème liquide dans une casserole et portez-la à ébullition. Une fois la crème liquide à ébullition, versez-la sur le chocolat et mélangez-la délicatement au à l'aide d'une cuillère en bois jusqu'à obtenir une ganache lisse et homogène. Laissez bien refroidir. Montez la ganache au batteur, versez dans la poche à douille puis dressez le glaçage sur les petits gâteaux.

CUPCAKES

CUPCAKES KOALAS

Pour 12 cupcakes / 30 min de préparation / 20 min de cuisson

Ingrédients
115 g de beurre ramolli
115 g de sucre
2 œufs
115 g de farine
½ sachet de levure chimique
1 cuil. à café de bicarbonate de soude
2 cuil. à soupe de lait
1 cuil. à café d'extrait de vanille

Pour le glaçage
100 g de beurre mou
300 g de sucre glace
1 cuil. à café d'extrait de vanille
Colorant alimentaire noir
12 grains de café enrobés de chocolat
24 mini-smarties roses
1 stylo de chocolat pour décorer

Matériel
Moules à cupcakes

1. Dans un grand bol, mélangez le beurre et le sucre jusqu'à l'obtention d'une crème homogène puis ajoutez les œufs, la farine, la levure et le bicarbonate. Versez enfin le lait et la vanille et mélangez bien pour avoir une pâte lisse.

2. Remplissez chaque caissette de 1 cuil. à soupe de pâte à cupcakes. Placez les moules au four pendant 20 min à 180 °C (th. 6). Sortez les cupcakes lorsqu'ils sont bien dorés et laissez-les refroidir.

3. Pendant ce temps, préparez le glaçage koala de couleur grise en fouettant le beurre au batteur électrique. Il doit se transformer en crème. Ajoutez alors le sucre glace et la vanille, et fouettez de nouveau. Enfin, mettez une pointe de colorant alimentaire noir et mélangez jusqu'à l'obtention d'une crème grise.

4. À l'aide d'une poche à douille, déposez un peu de glaçage gris sur un cupcake et lissez à l'aide d'une petite spatule pour dessiner le « visage » du koala, avec des oreilles sur les côtés. Placez un grain de café pour former son nez au milieu et 2 smarties roses pour les oreilles. Avec le stylo-choco, dessinez deux points pour les yeux et un trait arrondi pour la bouche.

CUPCAKES

CUPCAKES GARNIS DE CRÈME AU BEURRE À LA MERINGUE ITALIENNE

Pour 24 cupcakes / 25 min de préparation / 20 min de cuisson

Ingrédients
430 g de farine
1 cuil. à café de levure
1 cuil. à café de sel
120 g de beurre doux en pommade
360 g de sucre
2 œufs à température ambiante
1 cuil. à café d'extrait de vanille
2 cuil. à soupe de cacao
23 cl de buttermilk
1 cuil. à café de vinaigre blanc
1 cuil. à café de bicarbonate

Pour la crème
110 g de sucre semoule
3 cl d'eau
70 g de blancs d'œufs
145 g de beurre
½ gousse de vanille

Matériel
Moules à cupcakes
Poche à douille cannelée

1. Préchauffez le four à 180 °C (th. 6). Tamisez ensemble la farine, la levure et le sel. Mettez le beurre mou et le sucre dans un bol et fouettez jusqu'à obtenir un appareil mousseux. Ajoutez les œufs un par un tout en continuant de battre, puis ajoutez l'extrait de vanille et le cacao. Fouettez pour obtenir un mélange homogène.

2. Ajoutez par tiers et en les alternant la farine et le buttermilk (lait fermenté), fouettez bien entre chaque ajout pour ne pas former de grumeaux et bien incorporer les ingrédients. Dans un bol, mélangez le vinaigre et le bicarbonate puis ajoutez-les à l'appareil. Remplissez des caissettes à cupcakes aux trois quarts et enfournez pour 20 min. Laissez complètement refroidir.

3. Pour réaliser la crème, préparez un sirop avec le sucre en poudre et l'eau : portez à ébullition jusqu'à 121 °C. En parallèle, montez les blancs d'œufs en neige. Lorsque le sirop de sucre atteint 121 °C, baissez la vitesse du batteur au minimum et versez le sucre en une fois sur les blancs. Laissez tourner à vitesse réduite 1 min, le temps que les blancs d'œufs cuisent puis augmentez à nouveau à vitesse maximum pour faire tiédir la meringue, elle ne doit plus être chaude au toucher. Ajoutez alors le beurre mou coupé en petits dés et les graines de la demi-gousse de vanille.

4. Fouettez pour bien homogénéiser. Placez dans une poche à douille cannelée et garnissez le dessus des cupcakes. Décorez puis réservez au frais.

CUPCAKES

CUPCAKES CANNELLE ET ÉCLATS DE CHOCOLAT NOIR

Pour 6 cupcakes / 25 min de préparation / 20 à 25 min de cuisson / 30 min de repos

Ingrédients
110 g de sucre roux
1 gros œuf
75 g de farine
5 g de levure chimique (1/2 sachet)
70 g de beurre fondu
8 cl de crème épaisse
1 cuil. à soupe de cannelle

Pour le glaçage
80 g de fromage (type Kiri)
30 g de sucre glace
1 cuil. à café de cannelle en poudre
50 g de chocolat noir (à 70 % ou plus de cacao)

Matériel
Moules à cupcakes ou à muffins

1. Préchauffez le four à 180 °C (th. 6). Dans un petit saladier, mélangez le sucre avec l'œuf à l'aide d'un fouet. Ajoutez la farine et la levure, mélangez bien. Incorporez le beurre fondu (mais pas brûlant), la crème et la cannelle. Mélangez pour obtenir une pâte sans grumeaux.

2. Déposez les moules sur une plaque de cuisson. Versez et répartissez équitablement la pâte dans les moules. Enfournez pour 20 à 25 min de cuisson. Sortez du four, laissez refroidir un moment, démoulez les cupcakes. Ils doivent être complètement froids avant d'être décorés.

3. Préparez le glaçage : dans un bol, mélangez le fromage et le sucre. Placez le glaçage dans la poche à douille et décorez les cupcakes à votre goût. Finissez la présentation en les saupoudrant de cannelle et de fins copeaux ou éclats de chocolat noir.

CONSEIL

Placez le chocolat noir dans le congélateur pendant 15 à 20 min puis brisez-le avec un couteau : il se divisera facilement en petits éclats très décoratifs.

CUPCAKES

CUPCAKES MARRONS GLACÉS, POIRE ET COGNAC

Pour 6 cupcakes / 25 min de préparation / 20 à 25 min de cuisson / 30 min de repos

Ingrédients

2 demi-poires au sirop
110 g de sucre roux ou muscovado
+ pour la cuisson
1 gros œuf
75 g de farine
5 g de levure chimique (1/2 sachet)
70 g de beurre fondu
+ pour la cuisson
5 cl de lait
4 cuil. à soupe de cognac
3 marrons glacés

Pour le glaçage
100 g environ de fondant pâtissier
Brisures de marrons glacés

Matériel
Moules à cupcakes ou à muffins

1. Préchauffez le four à 180 °C (th. 6). Coupez les demi-poires. Faites sauter 2 à 3 min les fruits avec un peu de beurre et de sucre. Mettez de côté. Dans un petit saladier, mélangez le sucre avec l'œuf à l'aide d'un fouet. Ajoutez la farine et la levure, mélangez bien. Incorporez le beurre fondu (pas brûlant surtout) et le lait. Ajoutez les fruits sautés et le cognac. Mélangez.

2. Déposez les moules sur une plaque de cuisson. Versez et répartissez équitablement la pâte dans les moules. Enfoncez 1 demi-marron glacé dans chaque moule. Enfournez pour 20 à 25 min de cuisson. Sortez du four, laissez refroidir un moment, démoulez les cupcakes puis laissez-les refroidir complètement.

3. Préparez le glaçage : faites tiédir le fondant au bain-marie, mélangez-le avec une cuillère puis déposez-en un peu sur les cupcakes. Décorez de brisures de marrons glacés.

VARIANTE

Pour les décorer, déposez un peu de crème de marron sur les cupcakes avec la poche à douille.

CUPCAKES

CUPCAKES RAINBOW À LA GUIMAUVE

Pour 10 cupcakes / 20 min de préparation / 13 à 15 min de cuisson

Ingrédients
110 g de beurre
100 g de sucre
2 sachets de sucre vanillé
2 œufs
1 cuil. à soupe de sirop à la guimauve
135 g de farine
½ sachet de levure chimique
12,5 cl de lait
Colorants bleu, vert, jaune, orange, rouge et violet

Pour le glaçage
200 g de mascarpone
2 cuil. à soupe de sirop à la guimauve
2 cuil. à soupe de sucre glace

Pour la décoration
Petites formes en sucre multicolore

Matériel
Poche à douille
Moules à cupcakes

1. Préchauffez votre four à 180 °C (th. 6).

2. Dans un saladier, battez le beurre et les sucres. Ajoutez les œufs un à un, puis le sirop à la guimauve. Ajoutez ensuite la farine mélangée à la levure, puis le lait.

3. Répartissez la pâte dans 6 bols. Ajoutez dans chaque bol un colorant (afin d'obtenir 6 pâtes de couleur différente). Mélangez bien.

4. Dans des caissettes, versez 1 cuil. à soupe de chaque couleur de pâte de façon à les remplir aux trois quarts, et renouvelez cette opération jusqu'à épuisement de la pâte. Enfournez pour 13 à 15 min.

5. Pendant ce temps, préparez le glaçage. Mettez tous les ingrédients dans un saladier et battez le tout jusqu'à obtention d'une crème lisse. Remplissez la poche à douille et décorez les cupcakes. Pour finir, parsemez de petites formes en sucre multicolore.

CUPCAKES

CUPCAKES CAFÉ ET CHANTILLY

Pour environ 14 cupcakes / 20 min de préparation / 12 à 14 min de cuisson

Ingrédients
2 œufs
100 g de sucre
1 cuil. à café d'arôme de café
½ verre à thé de café type cappuccino
220 g de farine
½ sachet de levure chimique
70 g de beurre
Cacao en poudre
Grains de café

Pour la chantilly
25 cl de crème liquide froide
2 cuil. à soupe de sucre glace
1 sachet de poudre de fixation

Matériel
Moules à cupcakes ou à muffins

1. Préchauffez votre four à 180 °C (th. 6).

2. Dans un saladier, battez le beurre avec le sucre. Ajoutez les œufs, l'arôme de café, le café, la farine mélangée à la levure. Remplissez aux trois quarts vos caissettes et enfournez 12 à 14 min.

3. Pendant ce temps, préparez la chantilly. Dans un saladier, battez la crème liquide bien froide, puis ajoutez le sucre glace et ensuite la poudre de fixation. Battez jusqu'à obtention d'une belle chantilly. Décorez-en les cupcakes refroidis, puis saupoudrez de cacao en poudre et disposez un grain de café au sommet.

CUPCAKES

CUPCAKES AMANDE-PISTACHE

Pour 10 cupcakes / 20 min de préparation / 12 à 14 min de cuisson

Ingrédients
100 g de sucre
110 g de beurre
1 sachet de sucre vanillé
2 œufs
40 g d'amandes en poudre
3 cuil. à soupe de lait
130 g de farine
2 cuil. à café de levure chimique

Pour la crème à la pistache
180 g de mascarpone
Quelques gouttes de colorant vert
2 cuil. à soupe de crème liquide
1 cuil. à café d'arôme de pistache
2 cuil. à soupe de sucre glace

Pour la décoration
Copeaux de chocolat blanc

Matériel
Moules à cupcakes ou à muffins

1. Préchauffez votre four à 180 °C (th. 6)

2. Dans un récipient, battez le beurre avec le sucre et le sucre vanillé. Ajoutez les œufs, les amandes en poudre et le lait. Terminez par la farine et la levure.

3. Remplissez aux trois quarts des caissettes rigides en papier. Enfournez pour 12 à 14 min.

4. Pendant ce temps, préparez la crème à la pistache. Dans un récipient, battez le mascarpone et la crème liquide. Ajoutez le colorant et l'arôme. Terminez par le sucre glace. Remplissez une poche à douille de cette crème et recouvrez les cupcakes. Saupoudrez de quelques copeaux de chocolat blanc.

CUPCAKES

CUPCAKES AUX FRUITS

Pour 15 cupcakes / 15 min de préparation / 14 min de cuisson

Ingrédients
3 œufs
250 g de farine
1 sachet de levure chimique
130 g de sucre en poudre
40 g de sucre roux
25 cl de jus type smoothie
100 g de beurre fondu

Pour la crème aux fruits
200 g de mascarpone
2 cuil. à soupe
de sucre glace
12,5 cl de jus type smoothie

Matériel
Moules à cupcakes
ou à muffins

1. Préchauffez votre four à 180 °C (th. 6).

2. Dans un récipient, battez les œufs. Ajoutez la farine et la levure, puis les sucres. Terminez en ajoutant le smoothie et le beurre. Mélangez.

3. Remplissez aux trois quarts des caissettes en papier ou en silicone. Enfournez 14 min.

4. Pendant ce temps, préparez la crème aux fruits. Dans un récipient, battez le mascarpone avec le sucre glace. Ajoutez le smoothie et mélangez bien le tout. Remplissez la poche à douille et décorez les cupcakes refroidis.

CUPCAKES AUX AGRUMES CONFITS

Pour 6 cupcakes / 25 min de préparation / 20 à 25 min de cuisson / 30 min de repos

Ingrédients
40 g de crème fraîche
110 g de sucre en roux
1 gros œuf
80 g de farine
5 g de levure chimique (1/2 sachet)
45 g de beurre fondu
4 belles cuil. à soupe de fruits confits

Pour le glaçage
Fruits confits mélangés
20 cl de crème liquide glacée
Quelques gouttes de colorant de votre choix
3 cuil. à soupe de sucre glace
1 sachet de stabilisant pour crème Chantilly

Matériel
Poche à douille
Moules à cupcakes

1. Préchauffez le four à 180 °C (th. 6). Dans un saladier, assemblez la crème, le sucre et l'œuf. Mélangez avec un fouet quelques instants. Ajoutez la farine et la levure chimique, mélangez à nouveau avec le fouet pour incorporer complètement les ingrédients. Versez le beurre, mélangez encore un peu. Incorporez, pour finir, les fruits confits.

2. Déposez les moules sur une plaque de cuisson. Versez et répartissez équitablement la pâte dans les moules. Enfournez pour 20 à 25 min de cuisson. Sortez du four, laissez refroidir un moment, démoulez les cupcakes. Ils doivent être complètement froids avant d'être décorés.

3. Préparez le glaçage : découpez, comme vous aimez, les fruits confits ; battez en chantilly bien ferme la crème, le colorant, le sucre et le stabilisant. Placez le glaçage dans la poche à douille et décorez les cupcakes à votre goût. Finissez la présentation avec les fruits confits découpés. Dégustez sans tarder.

CUPCAKES À L'ORANGE

Pour 6 cupcakes / 25 min de préparation / 20 à 25 min de cuisson / 30 min de repos

Ingrédients
1 orange
50 g de yaourt nature
120 g de sucre
1 gros œuf
80 g de farine
5 g de levure chimique (1/2 sachet)
4 cl d'huile (tournesol, arachide)

Pour le glaçage
1 blanc d'œuf
1/2 citron
30 g de sucre glace
3 zestes d'orange
Colorant orange

Matériel
Moules à cupcakes ou à muffins
Poche à douille

1. Préchauffez le four à 180 °C (th. 6). Prélevez le zeste de l'orange, hachez-le finement (ou râpez-le). Dans un saladier, assemblez le yaourt, les zestes, le sucre et l'œuf. Mélangez avec un fouet quelques instants. Ajoutez la farine et la levure chimique, mélangez à nouveau avec le fouet pour incorporer les ingrédients. Versez l'huile, mélangez encore pour obtenir une pâte parfaitement homogène.

2. Déposez les moules sur une plaque de cuisson. Versez et répartissez équitablement la pâte dans les moules. Enfournez pour 20 à 25 min de cuisson. Sortez du four, laissez refroidir un moment, démoulez les cupcakes. Ils doivent être complètement froids avant d'être décorés.

3. Préparez le glaçage : dans un bol, battez fermement le blanc avec quelques gouttes de jus de citron. Quand il est ferme, ajoutez le sucre, les zestes finement hachés et un soupçon de colorant. Placez le glaçage dans la poche à douille et décorez les cupcakes à votre goût.

VARIANTE
Parfumez encore plus la pâte avec une liqueur de mandarine ou de l'eau de fleur d'oranger.

CUPCAKES

CUPCAKES AU CITRON VERT

Pour 6 cupcakes / 25 min de préparation / 20 à 25 min de cuisson / 30 min de repos

Ingrédients
1 citron vert
50 g de yaourt nature
120 g de sucre
1 gros œuf
80 g de farine
5 g de levure chimique
(1/2 sachet)
4 cl d'huile
(tournesol, arachide)

Pour le glaçage
1 blanc d'œuf
30 g de sucre glace
3 zestes de citron vert
+ quelques gouttes de jus
Colorant vert

Matériel
Moules à cupcakes
ou à muffins
Poche à douille

1. Préchauffez le four à 180 °C (th. 6). Prélevez les zeste du citron vert, hachez-les finement (ou râpez-les). Dans un saladier, assemblez le yaourt, les zestes, le sucre et l'œuf. Mélangez avec un fouet quelques instants. Ajoutez la farine et la levure chimique, mélangez à nouveau avec le fouet pour incorporer les ingrédients. Versez l'huile, mélangez encore pour obtenir une pâte parfaitement homogène.

2. Déposez les moules sur une plaque de cuisson. Versez et répartissez équitablement la pâte dans les moules. Enfournez pour 20 à 25 min de cuisson. Sortez du four, laissez refroidir un moment, démoulez les cupcakes. Ils doivent être complètement froids avant d'être décorés.

3. Préparez le glaçage : dans un bol, battez fermement le blanc d'œuf avec le jus de citron. Ajoutez le sucre, les zestes finement hachés et un soupçon de colorant. Placez le glaçage dans la poche à douille et décorez les cupcakes à votre goût.

VARIANTES

Faites confire un peu de zestes et déposez-les sur le glaçage. Pensez aussi aux vermicelles multicolores.

CUPCAKES

CUPCAKES AUX FRUITS ROUGES

Pour 6 cupcakes / 25 min de préparation / 20 à 25 min de cuisson / 30 min de repos

Ingrédients
110 g de sucre
1 gros œuf
75 g de farine
5 g de levure chimique (1/2 sachet)
70 g de beurre fondu
8 cl de lait
1 petite poignée de fruits rouges mélangés

Pour le glaçage
1 blanc d'œuf
1/2 citron
30 g de sucre glace
Colorant rouge
Quelques fruits rouges

Matériel
Moules à cupcakes ou à muffins
Poche à douille

1. Préchauffez le four à 180 °C (th. 6). Dans un petit saladier, mélangez le sucre avec l'œuf à l'aide d'un fouet. Ajoutez la farine et la levure, mélangez bien. Incorporez le beurre fondu (pas brûlant surtout) et le lait. Mélangez pour obtenir une pâte sans grumeaux.

2. Déposez les moules sur une plaque de cuisson. Versez et répartissez équitablement la pâte dans les moules. Répartissez les fruits rouges dans les moules. Enfournez pour 20 à 25 min de cuisson. Sortez du four, laissez refroidir un moment, démoulez les cupcakes. Ils doivent être complètement froids avant d'être décorés.

3. Préparez le glaçage : dans un bol, battez fermement le blanc avec quelques gouttes de jus de citron. Quand il est ferme, ajoutez le sucre et un soupçon de colorant. Battez encore 2 à 3 min. Placez le glaçage dans la poche à douille et décorez les cupcakes à votre goût. Finissez avec quelques fruits rouges, servez sans tarder.

CONSEIL

Pour cette recette, utilisez cassis, myrtilles, groseilles, framboises frais ou surgelés.

CUPCAKES

CUPCAKES À LA FRAMBOISE ET À LA VERVEINE

Pour 6 cupcakes / 25 min de préparation / 20 à 25 min de cuisson / 30 min de repos

Ingrédients
110 g de sucre
1 gros œuf
75 g de farine
5 g de levure chimique (1/2 sachet)
70 g de beurre fondu
8 cl de coulis de framboises
6 cuil. à café de confiture de framboises

Pour le glaçage
1 blanc d'œuf
1/2 citron
30 g de sucre glace
Colorant rouge
6 framboises et quelques feuilles de verveine fraîche

Matériel
Moules à cupcakes ou à muffins

1. Préchauffez le four à 180 °C (th. 6). Dans un petit saladier, mélangez le sucre avec l'œuf à l'aide d'un fouet. Ajoutez la farine et la levure, mélangez bien. Incorporez le beurre fondu et le coulis. Mélangez pour obtenir une pâte sans grumeaux.

2. Déposez les moules sur une plaque de cuisson. Versez et répartissez équitablement la pâte dans les moules. Déposez la confiture directement dans la pâte. Enfournez pour 20 à 25 min de cuisson. Sortez du four, laissez refroidir un moment, démoulez les cupcakes puis laissez-les refroidir complètement.

3. Préparez le glaçage : dans un bol, battez fermement le blanc avec quelques gouttes de jus de citron. Quand il est ferme, ajoutez le sucre et un soupçon de colorant. Battez encore 2 à 3 min. Placez le glaçage dans la poche à douille et décorez les cupcakes à votre goût. Décorez chaque cupcakes avec 1 framboise et un soupçon de verveine finement coupée.

VARIANTE

Si vous n'avez pas de verveine fraîche sous la main, prenez de la menthe, tout simplement.

CUPCAKES

CUPCAKES FRAMBOISES ET BARBE À PAPA

Pour 6 cupcakes / 15 min de préparation / 20 min de cuisson

Ingrédients
*125 g de beurre
à température ambiante
150 g de sucre en poudre
3 cl d'eau de rose
2 œufs
180 g de farine
1 sachet de levure
12,5 cl de lait
100 g de framboises
200 g de barbe à papa*

Matériel
*Batteur électrique
Moules à muffins
12 caissettes en papier*

1. Préchauffez le four à 180 °C (th. 6).

2. Mettez le beurre, le sucre et l'eau de rose dans un saladier et mélangez le tout au batteur électrique jusqu'à obtention d'un mélange bien onctueux. Tout en mélangeant avec un fouet, ajoutez les œufs un à un, puis la farine, la levure et enfin le lait. Mélangez à nouveau, puis incorporez les framboises.

3. Disposez les caissettes dans les moules à muffins et remplissez-les aux deux tiers de pâte. Enfournez pour 20 min de cuisson. Laissez les cupcakes refroidir et garnissez-les de barbe à papa.

CUPCAKES

CUPCAKES AUX FRAMBOISES, GLAÇAGE SPÉCULOOS

Pour 16 cupcakes / 30 min de préparation / 15 à 20 min de cuisson / 30 min de réfrigération

Ingrédients
200 g de farine
½ cuil. à café de sel
1 cuil. à café de levure
200 g de sucre
200 g de beurre mou
2 cuil. à café d'arôme vanille
4 œufs
100 g de framboises (2 par cupcake)

Pour le glaçage
200 g de fromage frais (type Carré Frais)
60 g de beurre mou
60 g de sucre glace
4 cuil. à soupe de pâte de spéculoos
8 spéculoos

Matériel
Moules à muffins
Poche à douille cannelée

1. Préparez tout d'abord les cupcakes. Préchauffez le four à 180°C (th.6). Dans un premier saladier, mélangez la farine, le sel et la levure. Dans un autre saladier, versez le sucre, le beurre mou et l'arôme vanille ; mélangez afin d'obtenir une pâte crémeuse. Ajoutez les œufs un par un tout en fouettant. Incorporez petit à petit, en le tamisant, le mélange farine-levure. Continuez de fouetter la pâte pendant 2 min pour obtenir un mélange homogène. Remplissez un tiers des moules de cette pâte puis déposez 2 à 3 framboises dans chacun (selon la taille des cupcakes). Recouvrez ensuite la pâte jusqu'aux deux tiers des moules. Enfournez pour 15 à 20 min de cuisson. Laissez refroidir.

2. Préparez le glaçage. Dans un saladier, fouettez le fromage frais avec le beurre mou jusqu'à obtenir un mélange homogène. Incorporez le sucre glace et la pâte de spéculoos, remuez à nouveau 2 min. Laissez reposer au frais 30 min.

3. À l'aide de la poche à douille, recouvrez chaque petit gâteau de crème. Émiettez 4 spéculoos et répartissez-les sur le dessus de chaque crème. Enfin, déposez la moitié d'un biscuit sur le dessus. Réservez au frais jusqu'au moment de servir.

CUPCAKES PISTACHE ET FRAMBOISE

Pour 8 cupcakes / 20 min de préparation / 12 à 14 min de cuisson

Ingrédients
60 g de beurre
60 g de sucre
2 œufs
1 cuil. à soupe d'arôme de pistache
50 g de poudre de pistache
100 g de farine
½ sachet de levure
Quelques framboises surgelées concassées

Pour la mousse de framboise
150 g de framboises fraîches ou décongelées
Quelques gouttes de jus de citron
200 g de mascarpone
1 sachet de poudre de fixation
3 cuil. à soupe bombées de sucre glace

Matériel
Moules à cupcakes
Mixeur

1. Préchauffez votre four à 180 °C (th. 6).

2. Dans un saladier, battez le beurre et le sucre, ajoutez les œufs et l'arôme de pistache. Poursuivez par la poudre de pistache et la farine mélangée à la levure chimique. Mélangez bien le tout.

3. Remplissez aux trois quarts vos caissettes en papier ou en silicone, puis parsemez de framboises concassées encore surgelées. Enfournez pour 12 à 14 min.

4. Pendant ce temps, préparez la mousse de framboise. Mixez les framboises avec le jus de citron.

5. Versez cette préparation dans un saladier, puis ajoutez tous les ingrédients et battez jusqu'à obtention d'une belle mousse.

6. Une fois les cupcakes refroidis, recouvrez-les de mousse de framboise.

CUPCAKES

CUPCAKES CERISES ET MENTHE

Pour 6 cupcakes / 25 min de préparation / 20 à 25 min de cuisson / 30 min de repos

Ingrédients
110 g de sucre
1 gros œuf
75 g de farine
5 g de levure chimique (1/2 sachet)
70 g de beurre fondu
8 cl de crème liquide
10 feuilles de menthe
24 cerises sans noyau

Pour le glaçage
1 blanc d'œuf
1/2 citron
30 g de sucre glace
Colorant vert
Quelques cerises confites hachées et des feuilles de menthe

Matériel
Poche à douille
Moules à cupcakes ou à muffins

1. Dans un petit saladier, mélangez le sucre avec l'œuf à l'aide d'un fouet. Ajoutez la farine et la levure, mélangez bien. Incorporez le beurre fondu (pas brûlant surtout) et la crème. Mélangez pour obtenir une pâte sans grumeaux. Ajoutez les feuilles de menthe finement hachées.

2. Préchauffez le four à 180 °C (th. 6). Déposez les moules sur une plaque de cuisson. Versez et répartissez équitablement la pâte dans les moules. Enfoncez 4 cerises dans chaque moule. Enfournez pour 20 à 25 min de cuisson. Sortez du four, laissez refroidir un moment, démoulez les cupcakes. Ils doivent être complètement froids avant d'être décorés.

3. Préparez le glaçage : dans un bol, battez fermement le blanc avec quelques gouttes de jus de citron. Quand il est ferme, ajoutez le sucre et un peu de colorant vert. Battez encore 2 à 3 min. Placez le glaçage dans la poche à douille et décorez les cupcakes à votre goût. Finissez le décor des feuilles de menthe et des cerises confites. Dégustez sans tarder.

CONSEIL

Ajoutez 3 ou 4 cuil. à soupe de « Get 27 » dans la pâte.

CUPCAKES

CUPCAKES AUX MYRTILLES

Pour 13 cupcakes / 15 min de préparation / 15 à 20 min de cuisson

Ingrédients
100 g de myrtilles
+ 13 pour la décoration
90 g de beurre
160 g de sucre
2 œufs
12 cl de crème liquide
130 g de farine
1 cuil. à café de levure chimique
Perles en sucre

Pour le glaçage
150 g de mascarpone
2 cuil. à soupe de sucre glace
Colorant violet

Matériel
Moules à cupcakes ou à muffins

1. Lavez et égouttez les myrtilles.

2. Préchauffez votre four à 180 °C (th. 6).

3. Dans un saladier, battez le beurre avec le sucre. Ajoutez les œufs et la crème liquide, puis la farine et la levure chimique. Ajoutez les myrtilles et mélangez délicatement.

4. Remplissez aux trois quarts des caissettes en papier ou en silicone. Enfournez pour 15 à 20 min tout en surveillant.

5. Pendant ce temps, préparez le glaçage. Battez le mascarpone avec le sucre glace et le colorant. Remplissez une poche à douille de ce glaçage et décorez les cupcakes en faisant des pointes royales : disposez des perles de sucre sur chaque pointe et une myrtille au centre de chaque cupcake.

CUPCAKES MOELLEUX AUX FRAISES

Pour 12 cupcakes / 20 min de préparation / 12 min de cuisson

Ingrédients
110 g de beurre
100 g de sucre
2 sachets de sucre vanillé
2 œufs
5 grosses fraises
150 g de farine
½ sachet de levure chimique
3 cuil. à soupe de lait

Pour la crème
250 g de mascarpone
3 cuil. à soupe de sucre glace

Pour le coulis de fraises
10 fraises
3 cuil. à soupe de sucre
2 cuil. à soupe d'eau
1 cuil. à café de jus de citron

Pour la décoration
5 fraises, sucre rouge

Matériel
Moules à cupcakes

1. Préchauffez votre four à 180 °C (th. 6).

2. Dans un saladier, battez le beurre avec les sucres. Ajoutez les œufs un à un en mélangeant entre chaque. Mixez les 5 grosses fraises et ajoutez-les au mélange. Ajoutez ensuite la farine, la levure et terminez par le lait.

3. Remplissez aux trois quarts vos caissettes en papier ou en silicone, et enfournez 12 min.

4. Pendant ce temps, préparez la crème. Battez le mascarpone avec le sucre glace et remplissez la poche à douille. Faites un cercle avec cette crème sur les cupcakes, puis parsemez de sucre rouge. Placez au frais.

5. Préparez le coulis de fraises. Coupez les fraises en cubes. Placez-les dans une casserole avec le sucre, l'eau et le jus de citron. Laissez bouillonner quelques minutes en mélangeant, puis mixez cette préparation. Laissez refroidir.

6. Versez 1 cuil. à soupe de coulis de fraises au centre de chaque cercle de crème. Coupez les fraises de décoration en quatre et placez 2 morceaux sur chaque cupcake.

CUPCAKES

CUPCAKES AUX TAGADA®

Pour 15 cupcakes / 25 min de préparation / 10 à 15 min de cuisson

Ingrédients
1 cuil. à soupe de lait
150 g de Tagada® + 15 pour la déco
3 pots de farine
1 sachet de levure chimique
3 œufs
1 pot de yaourt nature (le pot sert d'unité de mesure)
½ pot d'huile
1 pot de sucre en poudre

Pour le glaçage
200 g de fromage frais (type Philadelphia ou St Môret)
60 g de beurre mou
60 g de sucre glace
Colorant rose

Matériel
Moules à cupcakes ou à muffins
Poche à douille

1. Préchauffez le four à 180 °C (th. 6). Faites fondre les bonbons dans le lait à feu doux

2. Tamisez la farine avec la levure chimique. Dans un saladier, fouettez vivement les œufs et le yaourt. Versez l'huile, le sucre et les bonbons fondus. Mélangez bien. Versez en trois fois le mélange farine-levure. Remuez bien la pâte.

3. Répartissez la préparation jusqu'aux trois quart des moules et enfournez pour 10 à 15 min.

4. Sortez du four puis laissez refroidir sur une grille.

5. Préparez le glaçage. Dans un saladier fouettez le fromage frais et le beurre jusqu'à obtenir un mélange homogène. Versez le sucre glace petit à petit tout en remuant. Continuez de mélanger pendant 2 min et ajoutez le colorant rose. Mélangez bien, versez dans la poche à douille et dressez aussitôt sur les petits gâteaux.

6. Déposez 1 Tagada® sur le dessus.

CUPCAKES

CUPCAKES À LA ROSE ET À LA NOIX DE COCO

Pour 10 cupcakes / 15 min de préparation / 12 à 14 min de cuisson

Ingrédients
90 g de sucre
2 cuil. à soupe de noix de coco râpée
2 cuil. à soupe d'eau de rose ou 1 cuil. à soupe d'arôme de rose
2 œufs
180 g de farine
½ sachet de levure chimique
40 g de beurre

Pour la crème
5 cuil. à soupe de noix de coco
3 cuil. à soupe de sucre
3 cuil. à soupe de beurre
3 cuil. à soupe de lait

Pour la décoration
Pâte à sucre blanche
10 roses et 2 feuilles en pâte d'amandes

Matériel
Moules à cupcakes ou à muffins

1. Préchauffez votre four à 180 °C (th. 6).

2. Dans un saladier, battez le beurre avec le sucre et la noix de coco râpée. Ajoutez l'eau ou l'arôme de rose, puis les œufs. Terminez par la farine mélangée à la levure chimique.

3. Remplissez aux trois quarts des caissettes en papier ou en silicone, puis enfournez 12 à 14 min.

4. Pendant ce temps, préparez la crème à la noix de coco. Dans un saladier, mélangez la noix de coco, le sucre et le beurre mou. Ajoutez le lait. Tartinez chaque cupcake refroidi de crème.

5. Étalez la pâte à sucre sur le plan de travail à l'aide d'un rouleau à pâtisserie, et faites des ronds avec un emporte-pièce. Disposez un rond sur chaque cupcake, puis décorez d'une rose et de deux feuilles.

CUPCAKES

CUPCAKES AU COCO

Pour 6 cupcakes / 25 min de préparation / 20 à 25 min de cuisson / 30 min de repos

Ingrédients
80 g de sucre roux
2 sachets de sucre vanillé
1 gros œuf
75 g de farine
4 cuil. à soupe de coco
5 g de levure chimique (1/2 sachet)
70 g de beurre fondu demi-sel
8 cl de crème liquide
3 cuil. à soupe de liqueur de coco (si possible)

Pour le glaçage
Noix de coco râpée
80 g de fromage (type Kiri)
30 g de sucre glace

Matériel
Poche à douille
Moules à cupcakes ou à muffins

1. Dans un petit saladier, mélangez les sucres avec l'œuf à l'aide d'un fouet. Ajoutez la farine, le coco et la levure, mélangez bien. Incorporez le beurre fondu, la crème et la liqueur. Mélangez pour obtenir une pâte sans grumeaux.

2. Préchauffez le four à 180 °C (th. 6). Déposez les moules sur une plaque de cuisson. Versez et répartissez équitablement la pâte dans les moules. Enfournez pour 20 à 25 min de cuisson. Sortez du four, laissez refroidir un moment, démoulez les cupcakes. Ils doivent être complètement froids avant d'être décorés.

3. Préparez le glaçage : faites colorer un peu de coco à la poêle, mettez de côté ; dans un bol, mélangez le fromage avec le sucre glace. Placez le glaçage dans la poche à douille et décorez les cupcakes à votre goût. Au tout dernier moment, juste avant de les servir, saupoudrez les cupcakes de noix de coco râpée.

VARIANTE

Mettez un peu plus de couleur sur ces cupcakes en les saupoudrant de vermicelles colorés.

CUPCAKES

CUPCAKES TROPICAUX À LA MANGUE

Pour 8 cupcakes / 20 min de préparation / 12 à 14 min de cuisson

Ingrédients
2 mangues bien mûres
70 g de beurre
70 g de sucre
2 sachets de sucre vanillé
2 œufs + 1 blanc
120 g de farine
½ sachet de levure chimique
1 cuil. à soupe de jus de citron
Quelques gouttes de colorant orange
150 à 200 g de sucre glace
1 cuil. à café d'huile

Matériel
Moules à cupcakes ou à muffins

1. Préchauffez votre four à 180 °C (th. 6).

2. Épluchez et mixez 1 mangue. Dans un saladier, battez le beurre et les sucres. Ajoutez les œufs entier, la mangue, la farine et la levure.

3. Remplissez aux trois quarts des caissettes en papier ou en silicone. Enfournez 12 à 14 min.

4. Dans un cul-de-poule, mélangez délicatement le blanc d'œuf au jus de citron avec le colorant. Ajoutez ensuite petit à petit le sucre glace et l'huile.

5. Trempez le dessus des cakes refroidis dans le glaçage et laissez-les sécher sur une grille.

6. Coupez en fines tranches la dernière mangue et décorez-en chaque cupcake.

CUPCAKES BANANE ET BEURRE DEMI-SEL

Pour 6 cupcakes / 25 min de préparation / 20 à 25 min de cuisson / 30 min de repos

Ingrédients
80 g de sucre roux
2 sachets de sucre vanillé
1 gros œuf
75 g de farine
5 g de levure chimique (1/2 sachet)
70 g de beurre fondu demi-sel
8 cl de crème liquide
3 cuil. à soupe de liqueur de banane (si possible)
1 banane

Pour le glaçage
80 g de fromage (type Kiri)
30 g de sucre glace
Vermicelles colorés

Matériel
Moules à cupcakes ou à muffins

1. Dans un petit saladier, mélangez les sucres avec l'œuf à l'aide d'un fouet. Ajoutez la farine et la levure, mélangez bien. Incorporez le beurre fondu (pas brûlant surtout), la crème et la liqueur. Mélangez pour obtenir une pâte sans grumeaux.

2. Préchauffez le four à 180 °C (th. 6). Coupez la banane en six. Déposez les moules sur une plaque de cuisson. Versez et répartissez équitablement la pâte dans les moules. Enfoncez 1 petit morceau de banane dans chaque moule. Enfournez pour 20 à 25 min de cuisson. Sortez du four, laissez refroidir un moment, démoulez les cupcakes. Ils doivent être complètement froids avant d'être décorés.

3. Préparez le glaçage : dans un bol, mélangez le fromage avec le sucre glace. Placez le glaçage dans la poche à douille et décorez les cupcakes à votre goût. Au tout dernier moment, juste avant de les servir, saupoudrez les cupcakes de vermicelles colorés.

VARIANTE
Faites sauter la banane pelée dans du beurre demi-sel pour la faire colorer un peu puis coupez-la en dés et ajoutez-la à la pâte.

CUPCAKES

CUPCAKES AUX FIGUES ET AUX GRAINES DE PAVOT

Pour 6 cupcakes / 25 min de préparation / 20 à 25 min de cuisson / 30 min de repos

Ingrédients
110 g de sucre
1 gros œuf
75 g de farine
5 g de levure chimique (1/2 sachet)
70 g de beurre fondu
8 cl de crème liquide
3 petites figues
1 cuil. à soupe de graines de pavot

Pour le glaçage
20 cl de crème liquide glacée
3 cuil. à soupe de sucre glace
1 sachet de stabilisant pour crème Chantilly
Graines de pavot

Matériel
Moules à cupcakes ou à muffins

1. Dans un petit saladier, mélangez le sucre avec l'œuf à l'aide d'un fouet. Ajoutez la farine et la levure, mélangez bien. Incorporez le beurre fondu (pas brûlant surtout) et la crème. Mélangez pour obtenir une pâte sans grumeaux. Ajoutez les graines de pavot. Préchauffez le four à 180 °C (th. 6).

2. Déposez les moules sur une plaque de cuisson. Versez et répartissez équitablement la pâte dans les moules. Enfoncez 1 demi-figue dans chaque moule. Enfournez pour 20 à 25 min de cuisson. Sortez du four, laissez refroidir un moment, démoulez les cupcakes. Ils doivent être complètement froids avant d'être décorés.

3. Préparez le glaçage : battez en chantilly bien ferme la crème, le sucre et le stabilisant. Placez le glaçage dans la poche à douille et décorez les cupcakes à votre goût, puis saupoudrez-les d'un peu de graines de pavot. Dégustez sans tarder.

VARIANTE

Panachez les graines de pavot avec du sésame noir et blanc que vous saupoudrerez sur le glaçage.

CUPCAKES À L'ANANAS

Pour 6 cupcakes / 25 min de préparation / 20 à 25 min de cuisson / 30 min de repos

Ingrédients
1/4 d'ananas frais
110 g de sucre
+ pour la cuisson
1 gros œuf
75 g de farine
5 g de levure chimique
(1/2 sachet)
70 g de beurre fondu
+ pour la cuisson
5 cl de lait
4 cuil. à soupe de rhum

Pour le glaçage
100 g environ de fondant pâtissier
Ananas confit

Matériel
Poche à douille
Moules à cupcakes ou à muffins

1. Préchauffez le four à 180 °C (th. 6). Pelez et coupez l'ananas en dés. Faites sauter 2 à 3 min l'ananas avec un peu de beurre et de sucre. Mettez de côté. Dans un petit saladier, mélangez le sucre avec l'œuf à l'aide d'un fouet. Ajoutez la farine et la levure, mélangez bien. Incorporez le beurre fondu (pas brûlant surtout) et le lait. Ajoutez l'ananas sauté et le rhum. Mélangez.

2. Déposez les moules sur une plaque de cuisson. Versez et répartissez équitablement la pâte dans les moules. Enfournez pour 20 à 25 min de cuisson. Sortez du four, laissez refroidir un moment, démoulez les cupcakes puis laissez-les refroidir complètement.

3. Préparez le glaçage : faites tiédir le fondant au bain-marie, mélangez-le un peu puis déposez-en un peu sur les cupcakes. Décorez avec quelques dés d'ananas confit.

VARIANTE

Si vous voulez que le « fondant pâtissier » brille bien sur les cupcakes, ne le faites pas trop chauffer dans le bain-marie. Vous le trouverez en grandes surfaces ou en en demandant un peu à votre pâtissier.

CUPCAKES

CUPCAKES SÉSAME ET SAFRAN

Pour 6 cupcakes / 25 min de préparation / 20 à 25 min de cuisson / 30 min de repos

Ingrédients
110 g de sucre roux
1 gros œuf
75 g de farine
5 g de levure chimique (1/2 sachet)
70 g de beurre fondu
8 cl de crème épaisse
2 dosettes de safran en poudre
1 cuil. à soupe de sésame noir

Pour le glaçage
80 g de fromage (type Kiri)
30 g de sucre glace
1 cuil. à café de sésame noir
1 cuil. à café de sésame blanc

Matériel
Poche à douille
Moules à cupcakes ou à muffins

1. Préchauffez le four à 180 °C (th. 6). Dans un petit saladier, mélangez le sucre avec l'œuf à l'aide d'un fouet. Ajoutez la farine et la levure, mélangez bien. Incorporez le beurre fondu (pas brûlant surtout) et la crème. Mélangez pour obtenir une pâte sans grumeaux. Ajoutez aussi le safran et le sésame noir.

2. Déposez les moules sur une plaque de cuisson. Versez et répartissez équitablement la pâte dans les moules. Enfournez pour 20 à 25 min de cuisson. Sortez du four, laissez refroidir un moment, démoulez les cupcakes. Ils doivent être complètement froids avant d'être décorés.

3. Préparez le glaçage : dans un bol, mélangez le fromage et le sucre. Placez le glaçage dans la poche à douille et décorez les cupcakes à votre goût. Finissez la présentation en saupoudrant les cupcakes de sésame noir et blanc.

3. MUFFINS

MUFFINS

MUFFINS NATURE

Pour 12 muffins / 15 min de préparation / 20 à 25 min de cuisson

Ingrédients
4 œufs entiers
300 g de sucre
300 g de farine
1 sachet de levure chimique
12 cl de lait
15 cl d'huile d'arachide
ou de tournesol
Amandes effilées
(pour le décor)
1 pincée de sel fin

Matériel
12 moules à muffins individuels

1. Préchauffez le four à 175 °C (th. 5-6). Dans un saladier, battez les œufs et le sucre avec un fouet à main. Ajoutez la farine, la levure, le lait, l'huile et le sel. Fouettez le mélange pour obtenir une pâte lisse et sans grumeaux.

2. Remplissez délicatement les moules de pâte, jusqu'à 0,5 cm environ du haut des moules. Saupoudrez une belle pincée d'amandes effilées sur chaque moule, puis enfournez. Laissez cuire pendant 20 min, ou un peu plus selon votre four.

3. Sans vous brûler, démoulez les muffins encore chauds. Laissez-les refroidir sur une grille avant de les déguster.

CONSEILS

Idéalement, préparez la pâte à muffins, puis laissez-la dans les moules de cuisson 30 min avant de les faire cuire : ils seront plus gonflés et permettront une plus jolie présentation. De manière générale, ne mélangez pas trop les pâtes à muffins, quelle que soit la recette. En fait, il faut juste assembler les ingrédients et s'assurer qu'il ne reste pas de grumeaux, rien de plus. Préférez toujours le fouet à main à la cuillère en bois ou à la spatule par exemple, moins pratiques.

MUFFINS

MUFFINS À LA VANILLE

Pour 12 muffins / 20 min de préparation / 20 à 25 min de cuisson

Ingrédients
3 gousses de vanille
4 œufs entiers
300 g de sucre
300 g de farine
1 sachet de levure chimique
12 cl de lait
15 cl d'huile d'arachide
ou de tournesol
1 pincée de sel fin

Matériel
Moules à cupcakes
ou à muffins

1. Préchauffez le four à 175 °C (th. 5-6). Coupez les gousses de vanille dans le sens de la longueur. Grattez l'intérieur de chaque demi-gousse avec la pointe d'un couteau pour récupérer les petites graines noires qui s'y trouvent.

2. Dans un saladier, battez les œufs et le sucre avec un fouet à main. Ajoutez les petites graines de vanille, la farine, la levure, le lait, l'huile et le sel. Fouettez le mélange pour obtenir une pâte lisse et sans grumeaux.

3. Remplissez délicatement les moules de pâte, jusqu'à 0,5 cm environ du haut des moules. Enfournez et laissez cuire pendant 20 min, ou un peu plus selon votre four.

4. Sans vous brûler, démoulez les muffins encore chauds. Laissez-les refroidir sur une grille avant de les déguster.

CONSEIL

Gardez les gousses de vanille grattées, placez-les dans un bocal avec 500 g de sucre. Fermez, puis laissez reposer 2 semaines pour obtenir un sucre vanillé « maison ». Vous pouvez même mixer très finement le sucre et les gousses. Utilisez ce sucre pour préparer d'autres muffins et pâtisseries.

MUFFINS

MUFFINS AU CAFÉ

Pour 12 muffins / 15 min de préparation / 20 à 25 min de cuisson

Ingrédients
150 g de sucre glace
2 cuil. à soupe de café lyophilisé
4 œufs entiers
150 g de sucre
300 g de farine
1 sachet de levure chimique
12 cl de lait
15 cl d'huile d'arachide ou de tournesol
Quelques grains de café à l'alcool (facultatif)
Quelques pincées de café moulu (pour le décor)
1 pincée de sel fin

Matériel
Moules à cupcakes ou à muffins
Mixeur

1. Préchauffez le four à 175 °C (th. 5-6). Mixez très finement le sucre glace et le café lyophilisé. Mettez de côté.

2. Dans un saladier, battez les œufs et le sucre avec un fouet à main. Ajoutez le sucre glace mixé avec le café, la farine, la levure, le lait, l'huile et le sel. Fouettez le mélange pour obtenir une pâte lisse et sans grumeaux. Ajoutez les grains de café à l'alcool si vous les utilisez.

3. Remplissez délicatement les moules de pâte, jusqu'à 0,5 cm environ du haut des moules. Saupoudrez la surface des muffins avec un peu de café moulu. Enfournez et laissez cuire pendant 20 min, ou un peu plus selon votre four.

4. Sans vous brûler, démoulez les muffins encore chauds. Laissez-les refroidir sur une grille avant de les déguster.

CONSEIL
Goûtez la pâte avant de la cuire pour ajuster la quantité de café ; la pâte paraît toujours plus parfumée que le muffin cuit. Pour des saveurs bien marquées, n'hésitez pas à augmenter les quantités.

VARIANTE
Vous pouvez aussi parfumer vos muffins avec de l'extrait de café liquide.

MUFFINS PRALINÉS

Pour 12 muffins / 15 min de préparation / 20 à 25 min de cuisson

Ingrédients
200 g de pralin en poudre
150 g de sucre
4 œufs entiers
300 g de farine
1 sachet de levure chimique
12 cl de lait
15 cl d'huile d'arachide ou de tournesol
Noisettes concassées (pour le décor)
1 pincée de sel fin

Matériel
Moules à cupcakes ou à muffins
Mixeur

1. Préchauffez le four à 175 °C (th. 5-6). Mixez très finement le pralin avec le sucre. Dans un saladier, battez le sucre mixé au pralin et les œufs, avec un fouet à main. Ajoutez la farine, la levure, le lait, l'huile et le sel. Fouettez le mélange pour obtenir une pâte lisse et sans grumeaux.

2. Remplissez délicatement les moules de pâte, jusqu'à 0,5 cm environ du haut des moules. Saupoudrez la surface de chaque muffin d'une belle pincée de noisettes concassées. Enfournez et laissez cuire pendant 20 min, ou un peu plus selon votre four.

3. Sans vous brûler, démoulez les muffins encore chauds. Laissez-les refroidir sur une grille avant de les déguster.

CONSEILS

Vous trouverez le pralin en poudre au rayon des produits pour pâtisserie de votre supermarché. Vous pouvez aussi le faire vous-même : assemblez 100 g de noisettes concassées et 100 g de sucre dans une casserole, faites chauffer assez lentement et mélangez. Quand la préparation caramélise, sortez du feu, plongez le fond de la casserole dans de l'eau froide, laissez refroidir, puis mixez finement.

MUFFINS

MUFFINS AU CHOCOLAT

Pour 12 muffins / 25 min de préparation / 20 min de cuisson

Ingrédients

Pour les éclats
80 g de chocolat noir à 52 %
80 g de chocolat au lait
50 g de chocolat blanc

Pour la pâte
300 g de sucre en poudre
4 œufs
300 g de farine
1 sachet de levure chimique
15 cl de lait
180 g d'huile d'arachide ou de tournesol
1 pincée de sel fin

Matériel
Moules à cupcakes ou à muffins

1. Avec un couteau, concassez grossièrement les chocolats de sorte à obtenir des éclats assez irréguliers. Préchauffez le four à 175 °C (th. 6).

2. Préparez la pâte. Dans un saladier, fouettez un instant le sucre et les œufs. Ajoutez la farine, la levure et le lait. Mélangez bien puis incorporez l'huile et le sel. Fouettez à nouveau jusqu'à obtention d'une pâte bien lisse. Incorporez ensuite les éclats de chocolat.

3. Remplissez les moules à muffins avec la pâte. Enfournez pour 20 min de cuisson, plus ou moins selon le type de four. Sans vous brûler, démoulez les muffins encore chauds. Laissez refroidir un moment, si possible sur une grille, avant de déguster.

VARIANTE

Pour des muffins tout chocolat, n'utilisez pas de morceaux de chocolat dans la pâte mais préparez-la en y ajoutant 150 g de chocolat noir fondu (enlevez 40 g de sucre en poudre).

MUFFINS

MUFFINS AU CHOCOLAT ET CŒUR DE SPÉCULOOS

Pour 12 muffins / 20 min de préparation / 15 min de cuisson

Ingrédients
150 g de farine
100 g de beurre
100 g de sucre en poudre
2 œufs
100 g de chocolat noir
½ sachet de levure chimique
3 cuil. à soupe de lait
12 cuil. à café de pâte de spéculoos

Matériel
Moules à cupcakes ou à muffins
Caissettes en papier

1. Préchauffez le four à 180 °C (th. 6).

2. Dans un saladier, fouettez les œufs avec le sucre jusqu'à ce que le mélange blanchisse. Dans une casserole, faites fondre le beurre avec le chocolat et ajoutez-le au mélange ainsi que la farine et la levure. Délayez avec le lait.

3. Mettez des caissettes en papier dans des moules à muffins. Déposez 1 cuil. à soupe de pâte dans chaque caissette, puis 1 cuil. à café de pâte de spéculoos et finissez par un peu de pâte.

4. Enfournez les muffins pour 15 min de cuisson. Démoulez-les et laissez-les refroidir ensuite sur une grille.

MUFFINS

MUFFINS AU CHOCOLAT NOIR ET CŒUR DE CHOCOLAT BLANC

Pour 10 muffins / 20 min de préparation / 20 min de cuisson

Ingrédients
100 g de farine
75 g de beurre
100 g de sucre en poudre
2 œufs
1 cuil. à café de levure chimique
75 g de chocolat noir
10 carrés de chocolat blanc

Matériel
Moules à cupcakes ou à muffins

1. Préchauffez le four à 165 °C (th. 5).

2. Dans un saladier, fouettez les œufs avec le sucre. Ajoutez-y la farine et la levure chimique, et mélangez.

3. Faites fondre le beurre avec le chocolat noir. Incorporez-le à la préparation précédente. Mélangez bien. Versez la pâte obtenue dans des moules à muffins et déposez au centre un petit carré de chocolat blanc. Faites cuire au four pendant 20 min.

4. Laissez reposer, puis démoulez les muffins et laissez-les refroidir.

MUFFINS

MUFFINS AUX PÉPITES DE CHOCOLAT

Pour 12 muffins / 15 min de préparation / 20 à 25 min de cuisson

Ingrédients
150 g de chocolat noir (70 % de cacao minimum)
3 œufs entiers
250 g de sucre
250 g de farine
1 sachet de levure chimique
10 cl de lait
120 g de beurre fondu
1 pincée de sel fin
Quelques pincées de cacao amer

Matériel
Moules à cupcakes ou à muffins

1. Placez le chocolat au congélateur 1 h.

2. Cassez-le en morceaux à l'aide d'un rouleau à pâtisserie. Préchauffez le four à 175 °C (th. 5-6). Dans un saladier, battez les œufs et le sucre avec un fouet à main. Ajoutez la farine, la levure, le lait, le beurre et le sel. Fouettez le mélange un instant et ajoutez les brisures de chocolat.

3. Remplissez les moules. Saupoudrez de cacao amer. Enfournez 20 à 25 min. Démoulez les muffins encore chauds. Laissez refroidir avant de déguster.

MUFFINS

MUFFINS AU LAIT DE COCO

Pour 12 muffins / 15 min de préparation / 20 à 25 min de cuisson

Ingrédients
4 œufs entiers
300 g de sucre roux
300 g de farine
1 sachet de levure chimique
12 cl de lait de coco
14 cl d'huile d'arachide ou de tournesol
1 pincée de sel fin
Amandes effilées

Matériel
Moules à cupcakes ou à muffins

1. Préchauffez le four à 175 °C (th. 5-6). Dans un saladier, battez les œufs et le sucre avec un fouet à main. Ajoutez la farine, la levure, le lait de coco, l'huile et le sel. Fouettez pour obtenir une pâte bien lisse, sans grumeaux.

2. Remplissez les moules jusqu'à 0,5 cm du haut. Saupoudrez une belle pincée d'amandes effilées sur chaque moule, puis enfournez 20 à 25 min. Laissez refroidir sur une grille avant de déguster.

MUFFINS

MUFFINS AUX CACAHUÈTES

Pour 12 muffins / 20 min de préparation / 20 à 25 min de cuisson

Ingrédients
4 œufs entiers
300 g de sucre roux
300 g de farine
1 sachet de levure chimique
12 cl de lait
12 cl d'huile d'arachide
ou de tournesol
4 cuil. à soupe de pâte
de cacahuètes
Cacahuètes, pour le décor
1 pincée de sel fin

Matériel
Moules à cupcakes
ou à muffins

1. Préchauffez le four à 175 °C (th. 5-6). Dans un saladier, battez les œufs et le sucre avec un fouet à main. Ajoutez la farine, la levure, le lait, l'huile, la pâte de cacahuètes et le sel. Fouettez pour obtenir une pâte sans grumeaux.

2. Remplissez les moules. Saupoudrez une belle pincée de cacahuètes concassées sur chaque moule, puis enfournez 20 à 25 min. Laissez refroidir les muffins sur une grille avant de les déguster.

MUFFINS

MUFFINS AUX M&M's CRISPY®

Pour 15 muffins / 20 min de préparation / 15 à 20 min de cuisson

Ingrédients
3 pots de farine
1 sachet de levure chimique
1 pot de cacao en poudre
1 paquet de M&M's Crispy®
3 œufs
1 pot de yaourt nature
(le pot sert d'unité de mesure)
½ pot d'huile
2 pots de sucre en poudre

Matériel
Moules à cupcakes ou à muffins

1. Préchauffez le four à 180 °C (th. 6).

2. Tamisez la farine avec la levure chimique et le cacao. Concassez les M&M's grossièrement à l'aide d'un couteau. Réservez. Dans un saladier, fouettez vivement les œufs et le yaourt. Versez l'huile et le sucre. Mélangez bien. Versez en trois fois le mélange farine levure. Remuez bien la pâte. Incorporez les morceaux de bonbons et mélangez.

3. Répartissez la préparation aux trois quarts des moules et enfournez pour 15 à 20 min.

4. Sortez du four puis laissez refroidir sur une grille.

SUGGESTION

Préparez une ganache au chocolat et versez aussitôt sur les muffins refroidis. Déposez quelques M&Ms® et laissez durcir la ganache.

MUFFINS

MUFFINS AUX MYRTILLES

Pour 12 muffins / 20 min de préparation / 20 à 25 min de cuisson

Ingrédients
4 œufs entiers
300 g de sucre
300 g de farine
1 sachet de levure chimique
12 cl de lait
15 cl d'huile d'arachide
ou de tournesol
150 g de myrtilles surgelées
(ou d'autres fruits rouges)
1 pincée de sel fin

Matériel
Moules à cupcakes
ou à muffins

1. Préchauffez le four à 175 °C (th. 5-6). Dans un saladier, battez les œufs et le sucre, avec un fouet à main. Ajoutez la farine, la levure, le lait, l'huile et le sel. Fouettez le mélange pour obtenir une pâte lisse et sans grumeaux.

2. Remplissez les moules de pâte. Répartissez les myrtilles et enfoncez-les délicatement dans la pâte avec une cuillère. Enfournez 20 à 25 min. Vérifiez la cuisson : une aiguille piquée dans un muffin doit ressortir propre et sèche. Démoulez les muffins encore chauds. Laissez refroidir avant de déguster.

MUFFINS

MUFFINS MARBRÉS FRAMBOISES ET POMMES

Pour 12 muffins / 20 min de préparation / 15 à 20 min de cuisson

Ingrédients
1 pomme
80 g de framboises
75 g de beurre
120 g de farine
½ sachet de levure chimique
2 œufs
80 g de sucre
1 pincée de sel

Matériel
Batteur
Moules à muffins

1. Épluchez, coupez la pomme en petits dés et faites cuire à l'eau pendant 20 min jusqu'à obtenir une petite compotée. Écrasez les framboises à l'aide d'une fourchette. Réservez.

2. Préchauffez le four à 180 °C (th. 6). Faites fondre le beurre dans une casserole à feu doux. Réservez. Tamisez la farine et la levure dans un bol. Cassez les œufs en séparant les blancs des jaunes. Montez les blancs en neige bien ferme avec le sel. Dans un saladier, mélangez au fouet le beurre fondu avec le sucre puis ajoutez les jaunes d'œufs ; versez en pluie le mélange farine-levure. Mélangez bien le tout. Incorporez les blancs montés en neige, en tournant doucement dans le même sens.

3. Divisez la pâte en 2 parts égales : dans l'une, incorporez la compote de pommes et dans l'autre, la purée de framboises. Mélangez bien.

4. Versez les pâtes en les alternant dans les moules, aux trois quarts de leur hauteur. Enfournez pour 15 à 20 min. La pointe d'un couteau doit ressortir sèche.

5. Laissez refroidir avant de déguster.

MUFFINS AUX POIRES CARAMÉLISÉES

Pour 12 muffins / 20 min de préparation / 30 à 35 min de cuisson

Ingrédients

Pour la garniture
- 6 demi-poires au sirop, égouttées
- 50 g de beurre
- 50 g de sucre

Pour la pâte
- 4 œufs entiers
- 300 g de sucre
- 200 g de farine
- 1 sachet de levure chimique
- 100 g de poudre d'amandes
- 12 cl de lait
- 140 g de beurre fondu
- 4 cuil. à soupe de Williamine (eau-de-vie à base de poires Williams)
- 1 pincée de sel fin

Matériel
- Moules à cupcakes ou à muffins

1. Préchauffez le four à 175 °C (th. 5-6). Coupez les poires en morceaux. Dans une poêle, assemblez le beurre et le sucre. Faites chauffer, mélangez puis, quand la caramélisation commence, ajoutez les poires. Mélangez bien et laissez refroidir.

2. Dans un saladier, battez les œufs et le sucre, avec un fouet à main. Ajoutez la farine, la levure, la poudre d'amandes, le lait, le beurre, l'alcool et le sel. Fouettez le mélange pour obtenir une pâte lisse et sans grumeaux. Incorporez les poires et leur jus de cuisson.

3. Remplissez délicatement les moules de pâte, jusqu'à 0,5 cm environ du haut des moules. Enfournez et laissez cuire pendant 20 min, ou un peu plus selon votre four. Sans vous brûler, démoulez les muffins encore chauds. Laissez-les refroidir sur une grille avant de les déguster.

VARIANTES

En saison, utilisez des poires fraîches. Pour alléger la recette, remplacez le lait par autant de poires au sirop égouttées et finement mixées.

MUFFINS

MUFFINS FOURRÉS AUX ABRICOTS ET AUX GRAINES DE PAVOT

Pour 12 muffins / 20 min de préparation / 30 à 40 min de cuisson

Ingrédients
Pour la garniture
12 abricots
1 citron
100 g de sucre à confiture
1 cuil. à soupe de graines de pavot
Pour la pâte
4 œufs entiers
300 g de sucre
300 g de farine
1 sachet de levure chimique
12 cl de lait
15 cl d'huile d'arachide ou de tournesol
1 pincée de sel fin
Matériel
Moules à cupcakes ou à muffins

1. Préchauffez le four à 175 °C (th. 5-6). Éliminez les noyaux des abricots. Coupez leur chair en dés. Pressez le citron. Dans une casserole, assemblez les abricots, le sucre à confiture et le jus de citron. Faites cuire à feu doux, pendant 10 à 15 min, en remuant assez souvent. Si la marmelade est trop liquide, faites bouillir encore quelques minutes. Laissez refroidir complètement.

2. Dans un saladier, battez les œufs et le sucre, avec un fouet à main. Ajoutez la farine, la levure, le lait, l'huile et le sel. Fouettez le mélange pour obtenir une pâte lisse et sans grumeaux.

3. Remplissez délicatement les moules de pâte au tiers. Déposez par-dessus 1 cuil. à soupe d'abricots cuits. Recouvrez de pâte (en vous arrêtant à 0,5 cm du haut des moules). Saupoudrez de pavot. Enfournez et laissez cuire pendant 20 min, ou un peu plus selon votre four. Sans vous brûler, démoulez les muffins encore chauds. Laissez-les refroidir sur une grille avant de les déguster.

VARIANTES
Utilisez de la mangue, de l'ananas, des figues…

MUFFINS PAMPLEMOUSSE, SÉSAME NOIR ET GINGEMBRE

Pour 12 muffins / 20 min de préparation / 25 à 30 min de cuisson

Ingrédients

- 70 g de gingembre confit chinois
- 1 pamplemousse
- 3 cuil. à soupe de sésame noir
- 4 œufs entiers
- 300 g de sucre
- 300 g de farine
- 1 sachet de levure chimique
- 10 cl de lait
- 50 g de crème fraîche
- 150 cl d'huile d'arachide ou de tournesol
- 1 pincée de sel fin

Matériel

Moules à cupcakes ou à muffins

1. Hachez finement le gingembre. Prélevez 6 beaux zestes sur le pamplemousse (sans prendre de peau blanche, très amère). Dans une casserole, assemblez les zestes, 100 g de sucre et 5 cl d'eau. Portez à ébullition, laissez cuire à feu doux 3 min, puis sortez du feu. Laissez refroidir. Hachez ensuite les zestes.

2. Préchauffez le four à 175 °C (th. 5-6). Dans un saladier, battez les œufs et le reste de sucre (200 g), avec un fouet à main. Ajoutez la farine, la levure, le lait et la crème. Mélangez bien, puis incorporez l'huile, le gingembre, les zestes et leur sirop, le sésame et le sel. Fouettez le mélange pour obtenir une pâte lisse.

3. Remplissez délicatement les moules de pâte, jusqu'à 0,5 cm environ du haut des moules. Enfournez et laissez cuire pendant 20 min, ou un peu plus selon votre four. Démoulez les muffins encore chauds. Laissez-les refroidir sur une grille avant de les déguster.

CONSEILS

Vous trouverez le sésame noir dans les épiceries asiatiques. Sinon, utilisez du sésame blanc grillé.

VARIANTES

Essayez aussi cette recette avec d'autres agrumes : oranges, citrons, citrons verts, cédrat...

MUFFINS

MUFFINS MYRTILLES-PAMPLEMOUSSE

Pour 12 muffins / 25 min de préparation / 15 à 20 min de cuisson / 30 min de repos

Ingrédients
120 g de myrtilles
½ pamplemousse
100 g de farine
1 cuil. à café de levure
2 œufs de calibre moyen
100 g de beurre mou
100 g de sucre en poudre
1 pincée de sel

Matériel
Moules à cupcakes
ou à muffins

1. Préchauffez le four à 180 °C (th. 6). Lavez, zestez et pressez le demi-pamplemousse. Réservez le jus et les zestes.

2. Dans un bol, tamisez la farine avec la levure et le sel. Dans un saladier, fouettez le beurre avec le sucre jusqu'à ce que le mélange soit crémeux. Ajoutez les œufs un par un tout en mélangeant après chaque ajout. Incorporez les zestes et le jus du demi-pamplemousse puis mélangez. Versez en pluie le mélange de farine tout en mélangeant. Incorporez délicatement les myrtilles.

3. Répartissez-la préparation dans les moules et enfournez pour 15 à 20 min selon la taille de vos muffins.

4. Laissez bien refroidir avant de servir.

MUFFINS

MUFFINS FIGUES, MIEL ET VANILLE

Pour 12 muffins / 15 min de préparation / 20 à 25 min de cuisson

Ingrédients
200 g de figues
3 gousses de vanille
250 g de miel
4 œufs entiers
300 g de farine
1 sachet de levure chimique
12 cl de lait
130 g de beurre
*Amandes effilées,
pour le décor*
1 pincée de sel fin

Matériel
*Moules à cupcakes
ou à muffins*

1. Préchauffez le four à 175 °C (th. 5-6). Coupez les figues en petits dés. Coupez les gousses de vanille dans le sens de la longueur, grattez l'intérieur de chaque demi-gousses avec la pointe d'un couteau pour récupérer les petites graines noires qui s'y trouvent.

2. Dans un saladier, battez le miel et les œufs avec un fouet à main. Ajoutez la vanille, la farine, la levure, le lait, le beurre fondu et le sel. Fouettez pour obtenir une pâte sans grumeaux. Ajoutez les figues.

3. Remplissez les moules, saupoudrez d'amandes effilées, puis enfournez 20 à 25 min. Laissez refroidir sur une grille avant de déguster.

MUFFINS

MUFFINS 'BRITISH'

Pour 10 cakes / 15 min de préparation / 25 min de cuisson

Ingrédients
100 g de raisins de Smyrne
10 cl de rhum
100 g de cerises confites
50 g d'angélique confite en petits cubes
50 g d'abricots secs en petits cubes
3 œufs
150 g de beurre
120 g de sucre
270 g de farine

Matériel
Moules à cupcakes ou à muffins

1. Préchauffez le four à 180 °C (th. 6). Beurrez, puis sucrez les moules et laissez-les au réfrigérateur le temps de réaliser la pâte. Mettez les raisins dans une casserole avec le rhum. Portez à ébullition, puis laissez refroidir. Dans une jatte, mélangez le beurre et le sucre, puis ajoutez les œufs. Incorporez 250 g de farine et la levure, puis fouettez jusqu'à obtention d'une pâte homogène.

2. Ajoutez le rhum, après en avoir retiré les raisins à l'aide d'une passoire. Saupoudrez les raisins macérés de la farine restante de façon à les enrober uniformément. Incorporez délicatement et rapidement les fruits farinés à la pâte. Versez-la dans les moules et enfournez pour 25 min.

CONSEIL

Ce cake sera encore meilleur si vous le laissez refroidir avant de l'emballer dans du film alimentaire. Ensuite, laissez-le 2 ou 3 jours au réfrigérateur afin que les arômes se développent.

MUFFINS

CAKES AU RHUM ET AUX RAISINS

Pour 10 cakes / 15 min de préparation / 20 min de cuisson

Ingrédients
10 cl de rhum
100 g de raisins de Smyrne
3 œufs
1 yaourt
10 cl de crème fraîche épaisse
150 g de sucre
200 g de farine
50 g de poudre d'amandes
1 sachet de levure chimique

Matériel
Moules à cupcakes ou à muffins

1. Préchauffez le four à 180 °C (th. 6). Beurrez et sucrez les moules, puis laissez-les au réfrigérateur le temps de réaliser la pâte. Mettez les raisins dans une casserole avec le rhum. Portez à ébullition, puis laissez refroidir. Dans une jatte, incorporez le yaourt à la crème, puis ajoutez le sucre, les œufs et le rhum, après en avoir retiré les raisins à l'aide d'une passoire. Mélangez jusqu'à obtention d'une préparation mousseuse.

2. Ajoutez 180 g de farine, la poudre d'amandes et la levure. Saupoudrez les raisins macérés de la farine restante de façon à les enrober uniformément. Incorporez délicatement et rapidement les raisins farinés à la pâte. Versez-la dans les moules et enfournez pour 20 min.

CONSEIL

Pour plus de moelleux, vous pouvez préparer un sirop en mélangeant 2 cuil. à soupe de miel, 2 cuil. à soupe de rhum et 4 cuil. à soupe d'eau. Faites chauffer à feu doux et nappez-en le cake.

MUFFINS

CAKES À LA BANANE ET AUX CACAHUÈTES

Pour 10 cakes / 15 min de préparation / 20 min de cuisson

Ingrédients
2 bananes
100 g de cacahuètes grillées non salées
75 g de beurre de cacahuètes
3 œufs
125 g de beurre mou
150 g de sucre
180 g de farine
1 sachet de levure chimique

Matériel
Moules à cupcakes ou à muffins

1. Préchauffez le four à 180 °C (th. 6). Beurrez, puis sucrez les moules et placez-les au réfrigérateur. Hachez grossièrement les cacahuètes au couteau. Dans une jatte, battez le beurre mou, le beurre de cacahuètes et le sucre jusqu'à obtention d'une préparation mousseuse. Incorporez les œufs un à un, puis la farine et la levure. Mélangez bien.

2. Coupez les bananes en fines rondelles. Incorporez-les délicatement avec les cacahuètes à la préparation. Remplissez les moules et enfournez pour 20 min.

MUFFINS

CAKES AU MIEL ET AUX AMANDES

Pour 10 cakes / 15 min de préparation / 20 min de cuisson

Ingrédients
100 g de miel
150 g d'amandes effilées
50 g de poudre d'amandes
3 œufs
1 yaourt
10 cl de crème fraîche épaisse
180 g de farine
1 sachet de levure chimique

Matériel
Moules à cupcakes ou à muffins

1. Préchauffez le four à 180 °C (th. 6). Beurrez, puis farinez les moules. Laissez-les ensuite au réfrigérateur le temps de réaliser la pâte. Dans une jatte, incorporez le yaourt à la crème, puis ajoutez le miel et les œufs. Mélangez jusqu'à obtention d'une préparation mousseuse.

2. Ajoutez la farine, la poudre d'amandes et la levure. Incorporez délicatement les amandes effilées. Versez la préparation dans les moules et enfournez pour 20 min.

MUFFINS

PETITS CŒURS MOELLEUX AUX PRALINES ROSES ET AUX FRAMBOISES

Pour 15 cœurs / 15 min de préparation / 12 à 15 min de cuisson

Ingrédients
1 pot de yaourt nature
(le pot sert d'unité de mesure)
120 g de pralines roses
150 g de framboises
3 pots de farine
1 sachet de levure chimique
3 œufs
½ pot d'huile
2 pots de sucre en poudre
200 g de chocolat blanc pâtissier
2 cuil. à soupe de lait

Matériel
Moules cœurs en silicone

1. Préchauffez le four à 180 °C (th. 6). Concassez grossièrement les pralines roses et coupez les framboises en deux ; réservez. Tamisez ensemble la farine et la levure chimique. Dans un saladier, fouettez vivement les œufs et le yaourt. Versez l'huile et le sucre. Mélangez bien. Versez en trois fois le mélange farine-levure. Incorporez 100 g de framboises et 100 g de pralines puis mélangez bien la pâte.

2. Versez la préparation dans les moules et enfournez pour 12 à 15 min.

3. Sortez du four puis laissez refroidir.

4. Préparez la ganache : faites fondre le chocolat blanc au bain-marie avec un peu de lait et versez-en sur chaque petit cœur. Sans attendre, déposez quelques éclats de pralines roses et 1 framboise sur le dessus de chaque gâteau. Laissez figer le tout au frais.

MUFFINS

CŒURS AUX CERISES EN COQUE DE CHOCOLAT BLANC

Pour 10 cœurs aux cerises / 1 h de préparation / 12 à 15 min de cuisson / 40 min de repos

Ingrédients
100 g de farine
1 cuil. à café de levure
100 g de beurre mou
100 g de sucre en poudre
2 œufs de calibre moyen
½ cuil. à café d'arôme d'amande amère
60 g de cerises dénoyautées
200 g de chocolat blanc pâtissier
Quelques amandes, noisettes, pistaches
1 pincée de sel

Matériel
Petits moules en forme de cœur

1. Préparez le quatre-quarts aux cerises : préchauffez le four à 180 °C (th. 6). Tamisez la farine avec la levure et le sel dans un bol. Dans un saladier, fouettez le beurre avec le sucre en poudre jusqu'à ce que le mélange soit crémeux. Ajoutez les œufs un par un tout en mélangeant après chaque ajout. Versez l'arôme. Incorporez le mélange de farine en trois fois et en remuant bien à chaque fois. Déposez délicatement les cerises coupées en deux.

2. Versez la préparation dans les moules puis enfournez pour 12 à 15 min. Vérifiez la cuisson avec la pointe d'un couteau : elle doit ressortir sèche. Laissez bien refroidir.

3. Faites fondre 100 g de chocolat blanc au bain-marie. Versez le chocolat fondu dans les moules en cœurs. Tapez le moule sur la table afin de bien répartir le chocolat. Déposez délicatement le cœur aux cerises sur le chocolat blanc puis placez au réfrigérateur 20 min afin que le chocolat durcisse.

4. Faites fondre les 100 g de chocolat restant au bain-marie puis versez sur le cœur aux cerises. Concassez quelques amandes, noisettes ou encore pistaches, puis placez au frais minimum 20 min avant de déguster.

MUFFINS

MUFFINS CAROTTES-GINGEMBRE

Pour 12 muffins / 20 min de préparation / 20 à 25 min de cuisson

Ingrédients

200 g de purée de carottes surgelée
4 œufs entiers
300 g de sucre
320 g de farine
1 sachet de levure chimique
4 pincées de gingembre en poudre (facultatif)
1 cuil. à café de gingembre frais râpé
2 pincées de quatre-épices + un peu pour le décor
6 cl de lait
15 cl d'huile d'arachide ou de tournesol
1 pincée de sel fin

Matériel

Moules à cupcakes ou à muffins

1. Laissez décongeler la purée de carottes. Préchauffez le four à 175 °C (th. 5-6). Dans un saladier, battez les œufs et le sucre avec un fouet à main. Ajoutez la farine, la levure, les gingembres, les épices, le lait, l'huile, la purée et le sel. Fouettez pour obtenir une pâte bien lisse, sans grumeaux.

2. Remplissez délicatement les moules de pâte, jusqu'à 0,5 cm environ du haut des moules. Saupoudrez une petite pincée de quatre-épices sur chaque moule, puis enfournez pour 20 min, ou un peu plus selon votre four. Laissez refroidir les muffins sur une grille avant de les déguster.

CONSEIL

L'utilisation de la purée de carottes surgelée est là pour vous faire gagner du temps. Rien ne vous empêche de la préparer vous-même.

4. QUELQUES RECETTES SALÉES

RECETTES SALÉES

MUG CAKE AU JAMBON, OLIVES ET COMTÉ

Pour 1 mug / 8 min de préparation / 2 min de cuisson / 3 min de repos

Ingrédients

1 œuf
1 cuil. à soupe d'huile d'olive
1 cuil. à soupe de lait
1 pincée d'herbes de Provence
Sel, poivre
4 cuil. à soupe de farine
1 pincée de levure chimique
1 cuil. à café de moutarde
30 g de dés de jambon
5 olives vertes dénoyautées
40 g de comté râpé

1. Dans un grand mug ou dans un bol, battez l'œuf en omelette à l'aide d'une fourchette. Ajoutez l'huile d'olive, le lait, les herbes de Provence et mélangez. Salez et poivrez. Ajoutez la farine et la levure. Mélangez vigoureusement jusqu'à obtenir une pâte bien lisse.

2. Ajoutez la moutarde, les dés de jambon et les olives vertes coupées en rondelles. Mélangez pour incorporer tous les ingrédients. Ajoutez le comté râpé et mélangez de nouveau.

3. Faites cuire 2 min au micro-ondes (750 W). Vérifiez la cuisson en glissant un couteau le long de la paroi du mug. Remettez à cuire 30 s si la pâte est encore liquide dans le fond. Laissez reposer 3 min avant de déguster.

RECETTES SALÉES

PIZZA MUG CAKE

Pour 1 mug / 8 min de préparation / 2 min de cuisson / 3 min de repos

Ingrédients
1 œuf
2 cuil. à soupe de sauce tomate au basilic
2 cuil. à soupe d'huile d'olive
1 cuil. à café de sucre
2 pincées d'origan
Sel, poivre
5 cuil. à soupe de farine
1 pincée de levure chimique
40 g de mozzarella di buffala
30 g d'allumettes de bacon
20 g d'emmental
5 olives dénoyautées

1. Dans un grand mug ou dans un bol, battez l'œuf en omelette à l'aide d'une fourchette. Ajoutez la sauce tomate, l'huile d'olive, le sucre, l'origan et mélangez. Salez et poivrez. Ajoutez la farine et la levure. Mélangez vigoureusement jusqu'à obtenir une pâte bien lisse.

2. Coupez la mozzarella en petits morceaux et mettez-les dans le mug. Ajoutez les allumettes de bacon, l'emmental et les olives coupées en rondelles. Mélangez pour incorporer tous les ingrédients.

3. Faites cuire 2 min au micro-ondes (750 W). Vérifiez la cuisson en glissant un couteau le long de la paroi du mug. Remettez à cuire 30 s si la pâte est encore liquide dans le fond. Laissez reposer 3 min avant de déguster.

RECETTES SALÉES

MUG CAKE AUX CHAMPIGNONS, BACON ET PERSIL

Pour 1 mug / 8 min de préparation / 3 min de cuisson / 3 min de repos

Ingrédients

2 champignons de Paris
1 cuil. à soupe d'huile d'olive
½ cuil. à café d'ail semoule
1 œuf
1 cuil. à soupe de lait
1 cuil. à soupe de persil ciselé
4 cuil. à soupe de farine
1 pincée de levure chimique
2 tranches de bacon
30 g d'emmental râpé
Sel, poivre

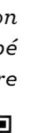

1. Nettoyez les champignons et coupez-les en petits morceaux. Mettez-les dans un grand mug ou dans un bol avec l'huile d'olive et l'ail. Faites cuire 1 min au micro-ondes (750 W). Cassez l'œuf dans le mug et mélangez à l'aide d'une fourchette. Ajoutez le lait, le persil ciselé et mélangez. Salez et poivrez. Ajoutez la farine et la levure. Mélangez vigoureusement jusqu'à obtenir une pâte bien lisse.

2. Coupez le bacon en petits dés et incorporez ces derniers dans la pâte. Ajoutez l'emmental râpé et mélangez de nouveau.

3. Faites cuire 2 min au micro-ondes (750 W). Vérifiez la cuisson en glissant un couteau le long de la paroi du mug. Faites cuire 30 s supplémentaires si la pâte est encore liquide dans le fond. Laissez reposer 3 min avant de déguster.

RECETTES SALÉES

MUG CAKE À LA COURGETTE, CURRY ET CHÈVRE

Pour 1 mug / 8 min de préparation / 4 min 30 s de cuisson / 3 min de repos

Ingrédients
½ courgette
Sel, poivre
1 œuf
1 cuil. à soupe d'huile d'olive
1 cuil. à soupe de lait
2 pincées de curry
4 cuil. à soupe de farine
1 pincée de levure chimique
50 g de bûche de chèvre
20 g d'emmental

1. Coupez la courgette en petits cubes et mettez-les dans un grand mug ou dans un bol. Salez, poivrez et couvrez de film alimentaire. Faites cuire 2 min 30 au micro-ondes (750 W). Égouttez à l'aide d'une passoire et réservez. Dans le même mug, battez l'œuf en omelette à l'aide d'une fourchette. Ajoutez l'huile d'olive, le lait, le curry et mélangez. Salez et poivrez.

2. Ajoutez la farine et la levure chimique. Mélangez vigoureusement jusqu'à obtenir une pâte bien lisse. Réservez une rondelle de bûche de chèvre et coupez le reste en petits morceaux. Ajoutez la courgette cuite et les morceaux de chèvre dans le mug. Mélangez bien pour incorporer tous les ingrédients. Ajoutez l'emmental et mélangez de nouveau. Déposez la rondelle de chèvre restante sur le dessus.

3. Faites cuire 2 min au micro-ondes (750 W). Vérifiez la cuisson en glissant un couteau le long de la paroi du mug. Faites cuire 30 s supplémentaires si la pâte est encore liquide dans le fond. Laissez reposer 3 min avant de déguster.

RECETTES SALÉES

MUG CAKE AU POIVRON, PIGNONS DE PIN ET FETA

Pour 1 mug / 8 min de préparation / 4 min 30 s de cuisson / 3 min de repos

Ingrédients
½ poivron rouge
Sel, poivre
1 œuf
1 cuil. à soupe d'huile d'olive
1 cuil. à soupe de lait
4 cuil. à soupe de farine
1 pincée de levure chimique
50 g de feta
1 cuil. à soupe de pignons de pin
20 g d'emmental

1. Coupez en petits dés le poivron épépiné. Mettez-les dans un grand mug ou un bol avec 1 cuil. à soupe d'eau. Salez, poivrez et couvrez de film alimentaire. Faites cuire 2 min 30 au micro-ondes (750 W). Égouttez et réservez. Dans le même mug, battez l'œuf en omelette avec une fourchette. Ajoutez l'huile d'olive, le lait et mélangez. Salez, poivrez. Ajoutez la farine et la levure. Mélangez vigoureusement jusqu'à obtenir une pâte bien lisse.

2. Coupez la feta en petits morceaux. Ajoutez le poivron cuit, les morceaux de feta et les pignons de pin dans le mug. Mélangez bien pour incorporer tous les ingrédients. Ajoutez l'emmental et mélangez de nouveau.

3. Faites cuire 2 min au micro-ondes (750 W). Vérifiez la cuisson en glissant un couteau le long de la paroi du mug. Remettez à cuire 30 s si la pâte est encore liquide dans le fond. Laissez reposer 3 min avant de déguster.

RECETTES SALÉES

MUG CAKE AU SAUMON FUMÉ ET FROMAGE AIL ET FINES HERBES

Pour 1 mug / 8 min de préparation / 2 min de cuisson / 3 min de repos

Ingrédients

1 œuf
1 cuil. à soupe d'huile d'olive
1 cuil. à soupe de jus de citron
Sel, poivre
4 cuil. à soupe de farine
1 pincée de levure chimique
1 cuil. à soupe de Boursin ail & fines herbes®
1 tranche de saumon fumé
30 g d'emmental râpé

1. Dans un grand mug ou dans un bol, battez l'œuf en omelette à l'aide d'une fourchette. Ajoutez l'huile d'olive, le jus de citron et mélangez. Salez légèrement, poivrez. Ajoutez la farine et la levure. Mélangez vigoureusement jusqu'à obtenir une pâte bien lisse.

2. Incorporez le Boursin ail & fines herbes®. Coupez le saumon en petits morceaux et mettez-les dans le mug. Ajoutez l'emmental et mélangez.

3. Faites cuire 2 min au micro-ondes (750 W). Vérifiez la cuisson en glissant un couteau le long de la paroi du mug. Remettez à cuire 30 s si la pâte est encore liquide dans le fond. Laissez reposer 3 min avant de déguster.

RECETTES SALÉES

CUPCAKES AU SAUMON FUMÉ

Pour 8 cupcakes / 30 min de préparation / 20 min de cuisson

Ingrédients
3 œufs
½ cuil. à café de paprika
½ cuil. à café de persil
4 cuil. à soupe
de fromage frais
6 cl d'huile
4 cuil. à soupe de lait
160 g de farine
1 sachet de levure chimique
2 tranches de saumon fumé
coupées en dés
Sel et poivre

Pour l'accompagnement
½ pot de fromage ail
et fines herbes
2 tranches de saumon fumé

Matériel
Moules à cupcakes
ou à muffins

1. Préchauffez le four à 180 °C (th. 6).

2. Dans un saladier, battez les œufs avec du sel, du poivre, le paprika, le persil et le fromage frais, puis l'huile et le lait. Ajoutez la farine et la levure. Terminez par les dés de saumon fumé.

3. Remplissez aux trois quarts des moules à muffins ou des caissettes. Enfournez pour 20 à 22 min.

4. Disposez 1 cuil. à café de fromage ail et fines herbes au centre de chaque cupcake. Coupez les tranches de saumon fumé en fines bandes et faites-les tenir enroulées grâce à un cure-dents sur la crème.

RECETTES SALÉES

CUPCAKES À LA CAROTTE ET AU FROMAGE

Pour 10 cupcakes / 30 min de préparation / 25 min de cuisson

Ingrédients
1 carotte de taille moyenne
3 œufs
2 bonnes pincées de cumin
1 cuil. à soupe
de fromage frais
2 cl de lait
2 cl de beurre fondu
150 g de farine
1 sachet de levure chimique
Sel et poivre

Pour la crème au fromage
150 g de fromage frais
3 cuil. à soupe
de crème fraîche
Sel
Persil

Matériel
Moules à cupcakes
ou à muffins

1. Lavez et épluchez la carotte. Coupez-la en rondelles et faites-la cuire dans une casserole d'eau bouillante salée. Une fois cuite, réduisez-la en purée.

2. Préchauffez votre four à 180 °C (th. 6).

3. Dans un saladier, battez les œufs avec le sel, le poivre et le cumin. Ajoutez la purée de carotte, le fromage frais, le lait et le beurre fondu. Terminez par la farine et la levure chimique.

4. Remplissez aux trois quarts des moules à muffins. Enfournez pour environ 25 min.

5. Pendant ce temps, préparez la crème au fromage. Dans un saladier, battez le fromage frais avec la crème. Ajoutez du sel et du persil à votre goût. Recouvrez les cupcakes de cette crème et servez aussitôt.

RECETTES SALÉES

CUPCAKES CRUMBLE BETTERAVE-FROMAGE

Pour 10 cupcakes / 40 min de préparation / 20 min de cuisson

Ingrédients
1 grosse betterave
½ échalote
1 cuil. à soupe de sucre
½ cuil. à café de cumin
2 cuil. à soupe de miel
3 œufs
160 g de farine
1 sachet de levure chimique
6 cl d'huile
Sel et poivre

Pour la crème au fromage
150 g de fromage frais
1,5 cl de crème liquide
1 peu de persil déshydraté
½ cuil. à café de ciboulette déshydratée
3 bonnes pincées de chili

Pour le crumble
2 cuil. à soupe de farine
4 cuil. à soupe de chapelure
4 cuil. à soupe de beurre

Matériel
Moules à cupcakes

1. Préchauffez votre four à 180 °C (th. 6).

2. Découpez la betterave en cubes. Dans une poêle, faites revenir les cubes de betterave dans un peu d'huile, l'échalote coupée en dés, le sucre et le cumin quelques minutes. Mixez ensuite le tout avec du sel, du poivre et le miel.

3. Dans un récipient, battez les œufs puis ajoutez la crème de betterave. Ajoutez la farine et la levure chimique, puis l'huile.

4. Remplissez aux trois quarts des moules à muffins et enfournez pour 20 min.

5. Pendant ce temps, préparez la crème au fromage. Dans un récipient, mélangez le fromage frais avec la crème liquide. Ajoutez le sel, le poivre, le persil, la ciboulette et le chili. Recouvrez les cupcakes de cette crème.

6. Pour le crumble, faites fondre le beurre. Dans un bol, mélangez du bout des doigts la farine, la chapelure et le beurre fondu, jusqu'à obtention d'un beau crumble. Étalez-le sur une plaque de pâtisserie et faites-le dorer au four quelques minutes. Parsemez-en les cupcakes.

RECETTES SALÉES

MUFFINS BASILIC ET PARMESAN

Pour 12 muffins / 15 min de préparation / 18 à 20 min de cuisson

Ingrédients
8 belles feuilles de basilic frais
3 œufs
½ cuil. à café de sel
¼ cuil. à café de poivre
5 cl d'huile
1 cuil. à soupe de jus de citron
1 petit-suisse
150 g de farine
1 sachet de levure chimique
30 g de parmesan

Matériel
Moules à cupcakes ou à muffins

1. Préchauffez votre four à 180 °C (th. 6).

2. Hachez grossièrement les feuilles de basilic.

3. Dans un saladier, battez les œufs, le sel et le poivre. Ajoutez l'huile, le jus de citron, le petit-suisse, la farine et la levure. Terminez par le basilic et le parmesan. Mélangez bien le tout.

4. Remplissez aux trois quarts des moules à muffins. Enfournez pour 18 à 20 min.

5. Laissez refroidir avant de déguster.

RECETTES SALÉES

MUFFINS TOMATES CERISE, FROMAGE DE CHÈVRE ET NOISETTES

Pour 10 muffins / 25 min de préparation / 25 min de cuisson

Ingrédients

½ barquette de tomates cerise
1 bûche de fromage de chèvre
3 œufs
5 cl d'huile
2 cl d'huile d'olive
1 cl de lait
150 g de farine
1 sachet de levure chimique
30 g de noisette concassées
2 pincées d'ail en poudre
Sel et poivre

Matériel

Moules à cupcakes ou à muffins

1. Préchauffez votre four à 180 °C (th. 6).

2. Lavez et coupez les tomates cerise en quartiers. Coupez la bûche de chèvre en rondelles ni trop épaisses ni trop fines.

3. Dans un saladier, battez les œufs avec du sel, du poivre et l'ail. Ajoutez l'huile, l'huile d'olive, le lait, la farine et la levure.

4. Remplissez aux trois quarts les moules à muffins de pâte. Ajoutez dans chaque cavité 3 à 4 quartiers de tomate cerise, puis enfournez 15 min.

5. Retirez les muffins du four, ajoutez 1 rondelle de fromage de chèvre sur chaque, puis parsemez de noisettes concassées. Remettez au four pour 10 min environ.

RECETTES SALÉES

MUFFINS AU ROQUEFORT

Pour 4 personnes / 10 min de préparation / 20 à 25 min de cuisson

Ingrédients
125 g de farine
½ sachet de levure chimique
4 œufs
20 cl de lait
15 cl d'huile d'olive
120 g de roquefort
50 g de noix

Matériel
Moules à cupcakes ou à muffins

1. Préchauffez le four à 180 °C (th. 6).

2. Mélangez la farine et la levure. Ajoutez les œufs un à un, en mélangeant bien. Versez le lait et l'huile et mélangez jusqu'à l'obtention d'une belle pâte lisse et homogène. Émiettez le roquefort et coupez les noix en petits morceaux. Ajoutez-les à la préparation.

3. Versez la pâte dans les moules. Enfournez pour 20 à 25 min de cuisson. Les muffins doivent être bien gonflés et dorés.

4. Servez-les tièdes ou froids.

Découvrez tous les titres de la collection !

5,95 €

100 RECETTES

100 listes de courses à flasher

Crédits des recettes :

Aurélie Desgages : pp. 66, 88, 118, 128, 166, 170, 178, 190, 192 ; Eva Harlé : p. 220 ; Estelle Haryouli : pp. 60, 68, 70, 72, 74, 78, 80, 84, 86, 98, 100, 102, 104, 120, 124, 126, 130, 134, 210, 212, 214, 216, 218 ; Alexia Janny-Chivoret : p. 90 ; Stéphan Lagorce : pp. 56, 58, 64, 82, 94, 96, 106, 108, 110, 112, 114, 122, 132, 136, 138, 140, 142, 146, 148, 150, 152, 154, 160, 162, 164, 168, 172, 174, 176, 180, 194 ; Audrey Le Goff : pp. 14, 16, 18, 20, 22, 24, 26, 28, 30, 32, 34, 36, 38, 40, 42, 44, 46, 48, 50, 52, 198, 200, 202, 204, 206 ; Catherine Moreau : pp. 62, 116, 182, 184, 186, 188 ; Sandra Pascual : p. 192 ; Emilie Perrin : pp. 156, 158.

Crédits des photographies :

© Aimery Chemin : pp. 15, 17, 19, 21, 23, 25, 27, 29, 31, 33, 35, 37, 39, 41, 43, 45, 47, 49, 51, 53, 61, 69, 71, 75, 77, 79, 81, 85, 87, 99, 101, 121, 131, 135, 199, 201, 203, 205, 211, 215, 217, 219 ; © Pierre Chivoret : p. 91 ; © Maxime de Bollivier : pp. 73, 103, 105, 125, 127, 213 ; © Eric Fénot : pp. 63, 183, 185, 187, 189, 221 ; © Virginie Garnier : p. 93 ; © Natacha Nikouline : pp. 147, 149, 151, 153, 161, 163, 165, 169, 173, 175, 177, 181, 195 ; © Bob Norris : p. 119 ; © Rina Nurra : pp. 57, 67, 89, 129, 155, 167, 171, 179, 191, 193 ; © Amélie Roche : pp. 59, 65, 83, 95, 97, 107, 109, 111, 113, 115, 123, 133, 137, 139, 141, 143 ; © Philippe Vaurès-Santamaria : pp. 117, 157, 159.

Direction : Catherine Saunier-Talec

Responsable éditoriale : Céline Le Lamer

Responsable artistique : Antoine Béon

Conception graphique et couverture : Pauline Ricco

Fabrication : Amélie Latsch

Partenariats : Sophie Morier (smorier@hachette-livre.fr)

L'éditeur remercie Alice Dauphin pour son aide précieuse.

©2014, Hachette Livre (Hachette Pratique), Paris

Dépôt légal : juin 2014

23-8763-02-7

ISBN : 978-2-01-238763-8

Imprimé par Macrolibros, Espagne en Mai 2015

« Tous droits de traduction, d'adaptation et de reproduction totale ou partielle, pour quelque usage, par quelque moyen que ce soit, réservés pour tous pays. »

Pour l'éditeur, le principe est d'utiliser des papiers composés de fibres naturelles, renouvelables, recyclables et fabriqués à partir de bois issus de forêts qui adoptent un système d'aménagement durable. En outre, l'éditeur attend de ses fournisseurs de papier qu'ils s'inscrivent dans une démarche de certification environnementale reconnue.

Retrouvez-nous sur notre page Facebook : et devenez fan d'Hachette Cuisine

hachette s'engage pour l'environnement en réduisant l'empreinte carbone de ses livres. Celle de cet exemplaire est de : 1,11 kg éq. CO_2
Rendez-vous sur www.hachette-durable.fr